幹嘛羨慕新加坡？

一個台灣人的新加坡移居10年告白

梁展嘉 著

目錄

前言　未完的告白

二〇一三年尾，我與我的伯樂鄭俊平先生對《一個全職交易人的投資告白》（以下簡稱《投資告白》）有過一次意見交換。我當時有一個疑問：「本書的雙主軸，交易與人生經驗，亦即投資與告白，究竟哪一條線會吸引到大部分的讀者呢？」由於告白明顯與投資脫鉤，我想了好一陣子才找出了彼此的相關性。雖然我個人對書裡告白部分的滿意度要高過投資部分，但是考慮到鄭先生常講的一句話——「梁先生，恕我直言，因為你不是名人。」——我不得不對告白章節打個折扣。事實上，這句話激發了我特意強化該章節的內容。幾經修改，全書的最終版本就在隔年三月定稿了。

二〇一四年四月二十四號，我的處女作《投資告白》正式上架，隨之颳起一陣小小的旋風，連續攻占了金石堂書店非文學排行榜前三十名達五週之久，三個月之內即刷到六次。以一個純素人來說，有這般成績確實令人振奮。然而來函的讀者大多數是投資人或散戶，而不是一般大眾，我對於這樣的反應，感到有些悵然若失。

直到書上市兩個多月後，六月二十九日《商業周刊》的一篇書摘在三天之內，瀏覽量超過了十萬人。這篇書摘便是許多臉書用戶大量轉載分享的「戳破神話！一個台灣人在新加坡當公務員的告白」，其撰文者就是我本人。於是，《投資告白》才真正走進了一般大眾的眼界。換句話說，我當時下足工夫的告白部分終於獲得了應有的重視，在電腦前總計兩百多個工作小時的寫作時間並沒有白費，而素人也不再是素人。

對於《商業周刊》的書摘引起廣泛的迴響，我雖然感到有些意外，但是也能找到一些解釋的理由。到目前為止，台灣媒體界對新加坡的報導，多半流於印象式或概念式的片面解讀，有如用望遠鏡來觀察。至於我，因為我在當地實實在在生活了十年，有如用顯微鏡來觀察，我的一番見解就顯得十分露骨而真實。或許是這股新鮮感打動了國人，再次激起大家對南洋島國的好奇心。

應讀者熱烈要求，我決定進行一次未完的告白。要戳破神話嗎？不用這麼激動，給新加坡卸妝就可以了。光滑潤澤的地方給它指出來，好好學習；粗糙暗沉的地方也給它指出來，引以為戒。甲午海戰之時，日本海軍聯合艦隊可是對大清國北洋水師的底細清楚非常，最終才獲得黃海上的全勝戰績。台灣要跟新加坡競爭，總不能一直瞎子摸象。新加坡和你想的不一樣，讓我們睜開眼睛，開始認清真「象」吧。

最後讓我提醒一下讀者，為了增加閱讀的樂趣，本書在適當處會附上一些以二維條碼（QR code）方式呈現的短片，請各位準備好自己的手機囉。

Chapter 1
台灣完全不是新加坡的對手？

哎呀，新加坡不過是個賺錢的地方而已嘛——想不到我這小小的民族自豪感，在幾年之後就被馳名中外的李光耀老先生以雷霆萬鈞之勢給打掉一半。

一九九八年九月，我和我現在的太太，在美麗的密西根大學校園裡，剛剛升級到了男女朋友的關係。熟悉《投資告白》的讀者都知道，我太太是土生土長的新加坡人，由於雙方對歷史有著共同的興趣，我們花費了大量時間討論台灣和新加坡的過去、現在和未來。

同樣是到密西根大學念書，兩個人來的途徑卻是大不相同。我是靠家裡的真金白銀過來的，念個碩士就很勉強了。太太則是由新加坡國立大學提供全額獎學金，直到完成博士學業，一毛錢都不用自己出，另外每個月還有講師級別的薪水可領。最不可思議的是，回國之後，她可以直接回任新加坡國立大學，連工作也不用找了。一聽到有這麼離譜的獎學金，我簡直是下巴都要掉下來。想到敝國即使是教育部公費留學生，尚且不能包吃包住到這個地步，何況是直接回任？

這是我第一次意識到，有一個國家的政府力量可以進行長期的人才規劃與投資。所以從小時候就隱隱約約聽說的李光耀「任人唯賢」的傳奇是真的！即使你不是出身顯貴，只要你是人才，國家對你的教育投資沒有上限，人事升遷過程中也沒有天花板。這不是太棒了嗎？

談及政府獎學金的同時，我還第一次知道新加坡有政治犯。太太的初級學院（等同於台灣的高中）同學中，有一個人的爸爸就因為不見容於當局，吃了好幾年的牢飯。從一個獎學金得主嘴裡說出這類話，的確有點不協調。一九九〇年代以後，相較於台灣在民主化過程的磕磕絆絆，新加坡的持續穩定繁榮真是讓人不得不遙想到蔣經國時代。在璀璨奪目的政績籠罩之下，李光耀「誤傷」了幾個政治對手，應該算是瑕不掩瑜吧。所以我搞不太懂，為什麼太太對新加坡的萬年執政黨有些不滿的情緒。這便是我當時的想法：「這傢伙怎麼會人在福中不知福呢？」

在密西根校園裡我還認識了幾個不同系的新加坡同學，既有熱情派，也有淡定派。熱情派以隔壁宿舍的張同學為代表。張同學身形高瘦、長相帥氣，是一位虔誠的基督徒。有好幾次，他與我大談耶穌基督長達數小時。這倒沒什麼特別，特別的是，他讓我了解到有錢教會和沒錢教會的根本差異在哪裡。話說在我們這個大學城裡有很多教會，基於有提供免費食物，我跟幾位熟悉的中國大陸同學曾經白吃白喝過幾家。看過《投資告白》的讀者便知道，身為台灣客家人是我的「原罪」。我省吃儉用，以致於剛開學時有幾個週末常到各個教堂蹭飯吃，這一點讓我今天回想起來，都感到當時做得有點兒過火了。去過那麼多家「普通」的教會體驗膳食，我已經感到很厭煩了。不料新加坡的張同學，帶我去到一家「高檔」的教會，在一九九八年的感恩節，我吃到了與眾不同的火雞肉。大家知道火雞肉的特色是脂肪較少，口感較差。但就在這一家教會，我居然吃到了跟一般雞肉肉質非常接近的火雞肉！我一邊吃著晚餐，一邊欣賞教友華美的服飾。當晚真的是色香味俱全。去過這樣有錢的教會，其他沒錢的教會我也不想去了。事實上，由於課業變忙，這是我去過的最後一間教會。用股票術語來說，可以說是賣在最高點。

就在感恩節晚餐的幾天後，學校進入了期末考週。當我正緊鑼密鼓地準備「結構動力學」的最後一晚，晚間十點，張同學來敲我的房門。我一如既往地歡迎他進來。他開始眼眶泛淚地談起耶穌基督的恩典，一一細數到半夜一點鐘。這次談話實在讓我如坐針氈，但是他的情緒全上來了，我有什麼辦法呢？所以我只好讓他徹底宣洩。結果隔天我的「結構動力學」考試成績也被宣洩掉了一部分。看來話可以亂講，火雞肉不能亂吃。這就是熱情的張同學。

淡定派則以住在我宿舍隔壁間的陳同學為代表。陳同學個頭不大，身材稍微朝橫向發展，講話不慍不火，很難看出他的情緒，在此攻讀電機博士。他和我太太是咱們這棟宿舍裡唯二的新加坡人。他們再加上另一位越南裔美國女生和我，我們四個人在開學的頭兩個月算是很固定的組合，做很多事情都會揪團。有一次，我剛好在太太的房間裡鬼混。沒想到他剛好來敲門找我太太，我只好如隔壁老王一般地躲起來。從他的言談聽起來，似乎對我家那口子有興趣。很不幸的是，我的動作很迅速，在認識人家一個月之內就確定了關係。因為男女雙方還在保密當中，所以陳同學完全在狀況外。直到又過了兩個月，陳同學才在學校外面親眼目擊我們兩個私下暗通款曲的實況。雖然他一向表現得很沉著，不過我想他多少有受到一些打擊。追一個新加坡女生，新加坡男生竟然輸給一個台灣男生——近水樓台卻不能得月，這叫一個新加坡男生情何以堪？所以我對他多少感到有些抱歉，畢竟他在生活上也幫了我不少。之後他就慢慢脫離了原始的揪團四人組，獨自行動去了。這一點令我十分遺憾。在學校宿舍住滿一年後，幾乎所有學生都沒有續約。臨走前，太太嘗試跟他要新住址和電話號碼，被他冷冷地說了一句：「我跟你很熟嗎？」於是陳同學不帶走一片雲彩，從此消失在人海當中。這就是淡定的陳同學。

除了這幾個新加坡學生之外，我對新加坡的認識，還來自當時到學校就業博覽會擺攤的「聯繫新加坡」（Contact Singapore）。這是一個直屬於新加坡經濟發展局（Economic Development Board）和人力部（Ministry of Manpower）的單位，每年巡迴美國各著名大學校園，目的在於吸引外國人前去新加坡工作和定居。就我所知，當時並沒有任何其他國家設立類似的組織在大規模地從事這種業務。那時來博覽會做介紹的工作人員，穿著及談吐都十分專業，與在隔壁設攤的美國聯邦調查局有得拼，於是新加坡政府重視人才的印象在我腦海中又加深了一層。雖然當時我還沒去過新加坡，也沒想過有一天會住在那裡，但是這個國家已經讓我很想去見識一下了。

一九九九年底，正值千禧年來臨之際，我和太太規劃了一次互見家長之旅，先從美國密西根州一起去一趟新加坡，接著再回台灣。由於我們兩個都是初戀，所以不可避免地帶著忐忑的心情踏上了旅程。因為我知道她家裡沒有微波爐，為了展現誠意，臨行之前我到校園附近的電器行買了一台。缺乏長途跋涉中攜帶較大型電器經驗的我，很天真的讓航空公司託運了微波爐。嗯，真的就是託運，不過我有拜託機場櫃台人員在包裝箱外面貼上一個「易碎」的大貼紙。經過將近三十個小時的奔波，當我們到達新加坡樟宜機場的時候，這台可憐的微波爐已經開口笑了。

看來「易碎」貼紙準確預言了它的命運。撇開陣亡的微波爐不談，我一下飛機，即刻被樟宜機場雄偉嶄新的大廳給震住了。各位要曉得，台灣桃園中正機場當時只有破舊的第一航廈，而密西根的底特律機場也不遑多讓。兩者皆是一九七〇年代前後的建築，所以從開幕到當時沒換過的裝潢很一致地散發出一股霉味。在樟宜機場裡，場內空氣卻是無比地清新；一眼望去，所有的硬體設施完全不是舊貨。僅僅是手推車一項，不論是操作的手感或是方便的煞車功能，中正機場都不是樟宜機場的對手。更不要說推動時發出的聲響——前者是雷聲大，後者是雨點小，根本不在同一個檔次。

走出機場，我們坐上了「的士」（taxi）。一路上，高速公路兩側盡是排列整齊的路樹與花叢，花園城市果然名不虛傳。在完成行禮如儀的拜會長輩行程後，太太領著我好好逛了幾天新加坡。當時我住在牛車水（Chinatown）一帶的小旅店，附近多為古色古香的兩層騎樓，這裡的景象與中心商業區數以千計的辦公大樓形成強烈反差。但相同的是，人行道比起當時的台北市來得乾淨，路面交通顯然也比較通暢。才過了幾天，我發現一件奇怪的事情：「新加坡滿常下雨的，為什麼當地人很少帶傘呢？」原來全島到處都設置了「有蓋走廊」（sheltered linkway）。雨天的時候，除非是特大豪雨，行人從政府組屋（新加坡的國民住宅）通往公車站牌的路程上，根本沾不到一滴雨水。台北人卻沒事就得帶把傘，晴天遮陽，雨天遮雨。新加坡人未免太過好命！

新加坡人三大好康

新加坡人的好命豈止是不用帶傘？我第一次去就知道新加坡人有三大「好康」。第一「好康」是政府組屋，其特色如下：

1 新加坡人擁房率超過九成，而其中八五％以上的新加坡公民和永久居民住在政府組屋。這樣的高比率得歸功於十分親民的組屋價格，以東北部的新市鎮盛港（Sengkang）為例，實坪達一一〇平方公尺（約三十二坪）的五房式組屋，由建屋發展局（Housing and Development Board，以下簡稱建屋局）直接售出，售價僅為二十萬新元左右（約合當時台幣四百萬元）。

2 新加坡住商分離，組屋區便是純住宅區。組屋一樓一般為空置，不會出現台北市常見的亂象：住宅一樓被當成店鋪或餐廳使用。

3 組屋棟棟設有電梯，這在充斥老舊公寓的台北市是不可想像的事。請大家注意，早在一九六〇年代，建屋局所造的政府組屋就已經將電梯列為標準配備。

4 組屋內每層或每戶均配備有蓋垃圾槽，新加坡人愛什麼時候丟垃圾、就什麼時候丟垃圾。垃圾也全無分類，大家想丟什麼，就丟什麼。許多台北人每天要恭候垃圾車駕臨，還要大搞資源回收，這會不會太傻了點？

光是以上四點，便讓我這個老台北人感到顏面無光。同樣是華人，為什麼我們的居住環境是那麼的雜亂無序？同樣是老百姓，為什麼台北人要配合政府做那麼多雜事，而不能像新加坡人一樣給政府照顧得無微不至？在這裡要請各位原諒我的台北觀點，由於我從小生長在台北市，而這裡又是台灣公認的首善之區，所以我姑且以首都對首都的角度來比較，希望廣大的台灣鄉親們不要太介意。

第二「好康」是價廉物美的教育系統，其特色有三：

1 當地人從小就開始接受雙語教育。一個年輕新加坡人的教育程度再低，也總是可以運用英文和母語（華語、馬來語或淡米爾語）兩種語言來交談。

2 中小學所有科目，除了母語課程以外，完全以英文教授。

3 新加坡各級學校學費遠低於歐美，但新加坡學生參加各種國際學術競賽的成績卻名列前茅。

在台灣，除了學費低廉之外，其他皆與新加坡相差極遠。在一九八〇年代，要不是我小學的時候非常有幸到著名的何嘉仁英語補習班學習過，我得等到中學一年級才會接觸到英文，而且僅僅是英文單科以英文學習而已。那時的英文教育十分注重背誦，不是背文法，就是記片語；這導致一般學生的聽說讀寫能力，尤以聽、說兩項最弱。這種語言環境叫人怎麼對英文提起興趣？

既然大家要花那麼多時間學英文，為什麼台灣十多年的學校教育讓人說不出又聽不懂？我已經是從建中、台大一路念上來了，結果到了美國，講起英文卻結結巴巴，一開口就矮人一截；而一個成績普通的新加坡留學生在美國卻是如魚得水，跟美國人平起平坐。為什麼台灣第一流的學校，會不如新加坡二、三流的學校呢？

第三「好康」是開放的人口流動政策，其特色如下：

1 要取得當地的永久居民身分，難度遠低於歐美國家。

2 許多跨國公司在新加坡設立亞太區總部，於是許多外籍幹部被派駐在這個小島。白天他們成群結隊地在新加坡中央商業區出沒，晚間則悠遊於各個高檔餐廳與酒吧。不信的話，請在週末晚上十點後去新加坡河畔的克拉碼頭（Clarke Quay）瞧一瞧。數不盡的洋人在這裡四處穿梭，喝酒、跳舞、抽水煙樣樣來，空氣中甚至飄散著大麻的味道。這種情況在台北並不多見。

3 新加坡有大量外籍女傭來來去去，不僅雇用價格不高，而且申請手續簡便，你想請幾個就請幾個。台灣可以這樣嗎？家裡有長者或病人的很清楚，一張巴氏量表就可以卡住你，可沒那麼簡單讓你合法請到外傭！

看看台灣，外國人即使是以依親身分申請移民，想取得身分證是多麼麻煩的事，更不要說是其他狀況了。其實台灣因為少子化和高齡化，即將面臨人口萎縮的困境，然而政府始終對外國移民豎起高牆。即使到了今天，類似新加坡的永久居民政策連個影子都沒有。台灣政府懼怕中國人民移入，尚且可以理解；但為什麼其他國家的人想移民進來，也要把他們當賊看？

短短幾天內，我就感覺在住房、教育、人口流動方面，台灣完全不是新加坡的對手，於是我帶著複雜的心情結束了第一次的獅城之旅。或許只有兩件事可以讓我稍稍感到安慰。其一，當時新加坡重要觀光景點聖淘沙（Sentosa）的規劃欠佳、設施老舊，比起咱們的六福村還差得遠。其二，新加坡的電視節目內容枯燥乏味，要不是電視台進口了一些台灣節目，恐怕沒有什麼可看了。

哎呀，新加坡不過是個賺錢的地方而已嘛！

想不到我這小小的民族自豪感，在幾年之後就被馳名中外的李光耀老先生以雷霆萬鈞之勢給打掉一半。不過這全是後話了。我的新加坡初體驗到此為止，接下來便是我的十年現場直擊。

Chapter 2

居住正義全球第一
——政府組屋十年現場直擊

我經常被人指控干預公民的私人生活。沒有錯，如果我沒有那麼做的話，我們不會有今天的成績。我講起這些不會有任何一點悔恨的成分，如果我們沒有介入非常私人的領域，像是你的鄰居是誰，你怎麼生活，你發出什麼噪音，你怎麼吐痰，或是你說什麼語言，我們就不會有經濟發展。我們決定什麼是對的，才不管別人怎麼想。

—— 李光耀，1987 年

在二〇一四年尾的台北市長選舉當中，柯文哲與連勝文兩位主要候選人在住宅政策上皆有所著墨，其原因便是企圖解決台北市民所關切的居住正義問題。既然柯先生是當選人，讓我們看看他的競選政策白皮書在這方面是怎麼寫的：

各國的公共住宅占住宅總量的比例很高。荷蘭有三四%、英國二〇%，高地價的日本都還有六．〇六%，美國也有六%；台灣則只有〇．〇八%，台北市約為〇．六三%。從這一點來看，我國政府是完全不負責任的。

說政府不負責任是很中肯的評語，然而這並不需要柯市長多說一遍，全國老百姓早就知道了。問題的關鍵是，要興建公共住宅，究竟應該向誰學習？是荷蘭、英國、日本或美國嗎？顯然不是。要搞好公共住宅，就應該向國際公認的世界第一名取經，向公共住宅占住宅總量達到八五%以上的新加坡學習。我已經在新加坡的政府組屋住了超過十年，那麼在此就貢獻自己的一些公共住宅經驗給大家參考吧。

二〇〇二年九月五日，我和太太在風雨交加的颱風天，來到位於新店的法院公證結婚。當時的法院公證人對我們訓勉了幾分鐘，無非是珍惜感情之類的話。其實她應該向前一對新人講這些，因為那兩位好像是不小心把肚子搞大才結婚的，到了現場仍口角不斷。至於我們，心思已經放在之後的永久居民證申請，以及隨證而啟動的政府組屋購買計畫了。這時候誰會有空去想小孩子的事情？

在新加坡，為什麼婚姻和住房的關係會如此密切呢？原來是新加坡政府為了促進年輕男女提早結婚、進而生育，所以刻意將兩者掛鉤。政府組屋作為一種高度補貼的住房，原則上只有夫妻有資格申購。建屋局直接賣給屋主的一手房，更是限制夫妻中至少要有一位公民加一位永久居民才能購買。政府組屋一手房價格之低廉，如第1章曾經提過的例子，導致新加坡人往往在大學剛畢業時就急著結婚。我在結婚幾個月前便搞清楚政府組屋的遊戲規則，於是一起跟著一般新加坡人按表操課買房子。我到法院公證的時候是二十六歲，在同學中可以說是非常早婚的，現在大家知道這是為什麼了吧。

住屋政策背後的治理邏輯

事實上，新加坡政府組屋的重點不在於便宜的價格，它背後隱藏的是一個龐大的社會工程（social engineering）計畫。什麼是社會工程？不如讓李光耀自己來回答這個問題吧。新加坡第一大報《海峽時報》（*Straits Times*）在一九八七年刊出了他的一段話：

> 我經常被人指控干預公民的私人生活。沒有錯，如果我沒有那麼做的話，我們不會有今天的成績。我講起這些不會有任何一點悔恨的成分，如果我們沒有介入非常私人的領域，像是你的鄰居是誰，你怎麼生活，你發出什麼噪音，你怎麼吐痰，或是

你說什麼語言，我們就不會有經濟發展。我們決定什麼是對的，才不管別人怎麼想。

光是他所說的第一件事便是千真萬確。每座組屋對不同種族皆有一定的配額，華人、馬來人、印度人在全國的人口比例各自是多少，在一座組屋裡就會用同樣的比例去分配。如果政府對此沒有規劃，而是讓人們自由選擇，大家通常會找與自己相同的種族當鄰居。相同族人在一起住的時間長了，便很容易發展出內聚力較強的小團體。於是在獨立以前，新加坡就是一個種族間壁壘分明的社會，有些種族暴動或多或少就是因此而引發，這是李光耀不願意看到的。他所要形塑的新加坡，是一個國家利益至上的全新社會。要搞小團體不是完全不可以，但是要由政府來規劃、管理。

所以當我們住進組屋，即相當於接受了李光耀的這套邏輯，同意成為社會工程棋盤上的一顆小棋子。請大家注意，棋子是有分等級的。假如一個新加坡人保持單身，那麼他得等到三十五歲以後才有資格單獨買組屋；相較之下，「正常」的一對夫妻，只要雙方年滿二十一歲就能提出申請。這真是相當明顯的差別待遇啊。

不過，管他什麼社會工程呢。在結婚的同年十一月，我的永久居民證就批下來了，於是購房計畫正式啟動。當時有兩大類組屋可選，一類是成熟區組屋，另一類是非成熟區組屋。成熟區組屋較靠近市中心，價格較高、選擇較少，基本上只有低樓層單位，地段包括大巴窰（Toa Payoh）、女皇鎮（Queenstown）、黃埔（Whampoa）、紅山（Redhill）等區域。非成熟區組屋離市中心較遠，價格較低、選擇較多，高、中、低樓層任君選擇，地段包括裕廊西（Jurong West）、榜鵝（Punggol）、盛港、菜厝港（Choa Chu Kang）、三巴旺（Sembawang）等區域。

雖然兩類都要申請，不過嚴格來講，只有成熟區組屋才有挑戰性。

因為良好地段的物件永遠是稀缺商品，全世界皆是如此。所以人們申請這類組屋，通常是撿之前買家不要的單位，這就是為什麼大部分是低樓層單位。但即使是低樓層，申請者在建屋局每一輪公開售屋時，仍然要面對大量的競爭者。好地段人人要，那政府該怎麼辦呢？很簡單，大家電腦抽籤。潛在買家抽不中或是不滿意而棄權，等過一、兩個月，新一輪公開售屋時再抽。這個樂透遊戲我們也玩過。當時大巴窰有幾座新蓋的三十多層組屋，我們有去現場考察，生活機能確實優越，並且去市中心乘地鐵只需二十分鐘。該區組屋中籤率約為五分之一，我們抽了一次，結果是備取第二十幾名。之前說成熟區價格較高，高到什麼地步呢？大約是非成熟區的兩倍。大巴窰的五房式組屋，一手價約為七百多萬台幣。相較於台北黃金地段的房子，實在還是過度地便宜。

由於我身體裡流淌著台灣客家人的血液，「撿便宜」是我們這個族群揮之不去的宿命。考慮到房屋總價，我最後鎖定了非成熟區組屋。我和太太先後去過菜厝港、三巴旺和裕廊西等三處的成屋所在地。首先我們先去了菜厝港。菜厝港位於新加坡西部，由於鄰近養雞場，據說空氣中常飄散著雞屎的味道。我們去到現場雖然沒有聞到，但是因為心理暗示的效果，回程的路上老覺得渾身有股怪味。其次，我們去了三巴旺。三巴旺位於北部，附近並沒有什麼「嫌惡設施」，表面上看來還不錯。但是當天實際走一趟，我們發覺那片組屋離巴士站相當遠，走得我們滿頭大汗，沿途也沒有遮蓋；這果然是典型的非成熟區組屋。最後則是到了新加坡人最常以「嗚嚕」（ulu，馬來語，其義為荒涼）形容的裕廊西。裕廊西位於新加坡最西側，再過去沒多遠，就是由陸路通往馬來西亞的「第二通道」。在二〇〇二年，新加坡地鐵的最西站是文禮（Boon Lay）。當時這一區有幾百個組屋單位空置，據說是上一波房地產泡沫在一九九六年破裂之後，組屋連續幾年滯銷所累積出來的。與大巴窯一帶的組屋不同，這邊的組屋是「先來先拿，任君選擇」。只要買家選好單位，接著去建屋局總部簽約、付頭期款，就可以直接拿該單位的鑰匙去開門了。不只如此，為了慶祝建屋局又賣出滯銷貨，他們還會贈送一瓶紅酒和兩個玻璃杯。

經過一番討論，比較了價格、地段、空間以後，我們選擇了座落在裕廊西的一個高樓層單位。選擇裕廊西還有一個關鍵原因，即是太太在靠近西部的新加坡國立大學上班，這樣可以節省不少通勤時間。那我的工作地點呢？連我自己也不知道在哪裡咧。

交了將近總價五〇％的頭期款，我們再簽下五年的貸款計畫，隨後就很輕易地領取了鑰匙。隨同我們辦手續的丈人說起幾年前的往事，新加坡人在全國任何地區買房子，都必須抽籤加上花兩、三年等組屋完工，不禁大嘆我們真是走運。

有人要問，你幹嘛交五〇％的頭期款？是不是頭殼壞去？是這樣的，建屋局的規定是至少要交二〇％；但是太太的公積金（Central Provident Fund）戶頭裡，多年的存款差不多等同於五〇％的屋價。公積金有很多用途，比方說醫藥、投資、退休支出、住房支出、子女就學等方面都可以使用。不過新加坡人很清楚，政府把老百姓這筆帳面上的存款看得死死的，一般很難提取出來自由運用，而買房支出是提取限制相對少的項目之一，所以其實是不提白不提。

回來看組屋本身，我們選擇的那棟組屋位於當時開發到一半的四層綜合商場旁邊。什麼叫開發到一半呢？原來商場新建工程的承包商做到一半，資金周轉不靈而倒閉，老闆人間蒸發卻留下一個爛尾樓，於是業主建屋局只好重新招標。照最初的規劃，商場裡應該會有食閣（類似台灣百貨裡的美食街）、超市，以及一些提供日常用品和服務的小店。不過那時它就是個命運未卜的棄嬰，因為政府開價太低，連來投標的廠商都沒有。這樣的棄嬰會有誰來領養呢？

對於這一點，我們倒是沒那麼憂慮。雖然幾年前住在美國密西根州的時候，有幾次去鄰近的加拿大多倫多探訪親戚，我們親眼見到了幾棟因類似原因而永遠不能完工的大型建築。但是這商場的所有者可是新加坡政府，並不像多倫多的那些例子屬於私人所有。基於政府從來沒有放著老百姓不管而落跑的紀錄，我們準備跟未完工商場一直耗下去了。

買房剛過了幾個月，爆發了舉世矚目的SARS疫情，新加坡成為亞洲的重災區之一，房市也在將近八年的空頭後終於踩到地板。經過一、兩年的反覆打底，自此展開將近十年波瀾壯闊的大多頭。不過我們當時哪裡會曉得呢？

從二〇〇一年十一月在美國分開之後，我和太太過著持續分居台灣、新加坡兩地的生活。這一點並沒有因為買了房子而改變。直到二〇〇四年十月，我終於安排好工作，正式遷居獅城。幸運的是，在幾個月前，幾經流標又招標的商場工程終於完工了。與此同時，各商家很快地完成裝潢，一間又一間的小店也開張了。一個讓附近居民等候多年的綜合商場，就此引來了滾滾人潮。

即使是這樣，我們位於裕廊西的組屋仍然被貼上了「嗚嚕」的標籤。以二〇〇四年來說，普遍被看好的新鎮是位於新加坡最東北角的榜鵝和盛港，而前者因為在一九九〇年代末期被政府冠上了一個「榜鵝二十一」（Punggol 21）的頭銜，尤其被年輕夫妻列為優選。全國只有這一區被掛上了一個充滿想像空間和未來性的招牌，這種做法豈止是暗示，根本就是公開亮票、歡迎炒作！所以雖然都是位於小島的邊陲之地，西邊的氣勢在彼時完全不如東北邊。

我們每天住在裕廊西之後，才發現本區有個特色。空氣中有股特殊的味道，不是菜厝港的雞屎味，而是巧克力味。這是怎麼回事呢？原來附近有鼎鼎大名的糖果公司明治製菓（Meiji Seika）和吉百利（Cadbury）。工廠在生產過程中，每天不可避免地排放大量糖果「廢氣」。不知為何，巧克力味道特別從晚間六點到半夜為最濃。如果想要安慰自己，你可以這樣想：這味道很浪漫嘛，至少它並不是什麼烏煙瘴氣的有毒廢棄物。天天都是情人節，每天都有巧克力耶。大家有所不知，剛剛談到的榜鵝，其實根本就在養豬場旁邊。你覺得豬屎味會比較好嗎？

撇開空氣不談，這一區的基礎設施並不遜於榜鵝和盛港。舉例來講，區內政府中小學密度相當高，從文禮地鐵站發散出去的巴士路網十分完整，而且在同一站旁邊的大型購物商場裕廊坊（Jurong Point）店家眾多，頗能滿足一般老百姓的日常需求。才住了幾個月，我們便發現幾乎沒有到市中心的必要，除非是因應過節、贈禮等特殊場合，或是到政府機關辦事。所以我們的生活圈，慢慢地離外國觀光客雲集的烏節路（Orchard Road）一帶越來越遠了。以我的了解，大部分新加坡人也是這樣，以離住家最近的大型購物商場為中心在活動。當然，假如你是新加坡人中為數較少的有車一族，那就是另外一回事了。

私人公寓有多貴？

到了二〇〇五年，我在新加坡的生活算是安定了下來。某個週末我翻開報紙，看到了一個私人公寓預售屋的廣告。什麼叫私人公寓？讓我解釋一下。在新加坡，租期九十九年的政府組屋為居住型房產最大宗；其餘則非建屋局所建，這些一概是私人房產。所謂「私人」，僅表示土地開發者為民間公司，並不一定表示土地為私人所有。私人公寓作為私人房產中的一個主要類別，其概念類似於台北市常見的電梯大樓，但是社區內幾乎都設有專用游泳池、網球場、健身房等康樂設施。

那天完全是因為好奇，我跟太太拿著報紙廣告，一起去參觀該項目位於小印度（Little India）的樣品屋。我們一進去，好像進到一個菜市場，在內參觀的民眾遠遠多過銷售人員，所以我們好不容易才等到有人給我們介紹。銷售員大叔匆忙遞來的價目表上寫得很清楚，一間最小的套房，其單位面積以實坪計算約為十五坪，售價約為五十萬新元，當時約合台幣一千兩百萬元。大叔看我們瞬間面有難色，沒介紹多久便送我們一句：「想清楚再講。」隨即轉身招呼其他客人去了。你想想，我的五房式組屋有三十幾坪，買價連這個小套房的一半也不到，而且手上貸款還沒付完，我沒當場大呼「歐買尬」就不錯了。我曉得此處地段極佳，甚至好過之前提到的大巴窰，並且該項目屬於少見的永久地契一類，土地可以持分，但是小弟我實在負擔不起啊。我再一打算盤，假使真如銷售員所說，順利將此單位出租的每年報酬率是四%左右，那麼租金拿來還貸款，粗略估算要三十年後才真的收到租金；我不成了給銀行白做工的傻子嗎？這算法還沒算入管理費、裝修費等開銷，而且能否一直找到租戶也是一大疑問。不用考慮很久，我和太太很快就放棄了購買這個金光閃閃小套房的想法。

有些朋友可能要問了，我們打算盤的時候，怎麼沒算進房產增值的部分？問得好，我那時的投資經驗，全集中在基金、股票方面。對於房地產一則很陌生，二則懼怕它的高單價。你看二〇一四年台股裡最貴的大立光，一張才不過兩百多萬台幣，交易起來非常方便，按一按電腦鍵盤或滑一滑手機就好了，手續費或交易稅都很低廉，商品規格也很固定，你大概不會買到一張跟人家不一樣的大立光。在我眼裡，房地產就不是這樣了：商品規格繁複多變，交易時又有好一批人在過程中上下其手撈油水。某種程度上來講，買賣房地產的重點不在於交易時機的判斷，而在於契約細節的討價還價，法律方面的攻防戰才是決勝之處。由於這一系列的原因，房地產的增值對我來說，真的是遙不可及。

離開了樣品屋，我們立刻回到現實生活裡來。接下來的日子裡，裕廊西這裡發生了相當大的變化。

第一，裕廊西的大型綜合運動中心的選址被政府確定，位置恰巧落在離我們住家步行約五分鐘的地方，最終於二〇〇六年完工開放。像這樣包含游泳池與水上遊樂設施的運動中心，全國大概只有十座而已。在這裡最不可思議的是，一張成人的游泳票只要兩塊新幣，連五十元台幣也不到，顯然這是政府強力補貼的結果。第二，二〇〇四年尾，政府宣布將橫貫新加坡的地鐵東西線向西延長兩站，最後於二〇〇九年通車。如此一來，我們步行到其中新設的一站變得更方便。第三，文禮地鐵站旁的商場裕廊坊，二期擴建計畫啟動。此工程配合遷移且增設空調的巴士轉運站同時施工，最終在二〇〇八年尾落成。第四，原先僅占有裕廊坊一層的裕廊西公共圖書館遷出商場，並與新建的四層大型民眾俱樂部合為一體，位置設於與原址相望的馬路對面，該中心於二〇〇六年竣工啟用。第五，新開發的裕廊中央公園同樣毗鄰裕廊坊，面積達到八公頃，相當於台北市大安森林公園的三分之一大小，與裕廊坊二期約略於同期建成開放。

為什麼裕廊西會變成一個大工地呢？之後政府在二〇〇八年修訂了「全國發展總藍圖」（Master Plan），我們才恍然大悟。以裕廊東（Jurong East）地鐵站為核心，裕廊西為腹地的裕廊湖區（Jurong Lake District）被升級為為區域中心。本區原有的大片空地可以吸納從中央商業區遷出的部分政府機關，這就像新北市的新莊副都心一樣，隨之將有大量的住宅、辦公樓、零售、旅館、休閒、餐飲等綜合用途設施在此拔地而起。除了有「全國發展總藍圖」的加持之外，李顯龍總理又在二〇一四年宣布，規劃中的新加坡吉隆坡高鐵，在新加坡的總站將定於此處，只待馬來西亞政府整合完國內意見便可落實計畫。時至今日，我們已經聽不到有人用「嗚嚕」一來形容十年間房價漲到將近三倍的裕廊西了。相較於停留在純住宅區格局打轉的榜鵝，裕廊西早就遠遠跑在前頭。兩者未來的差距應該只會擴大而不會縮小。在二〇〇二年尾簽下一間裕廊西組屋單位的我們，哪裡可能預料到有這樣翻天覆地的變化呢？我們有幸搭上政府的順風車，體驗了一趟房地產水漲船高的旅程，只能說是神明和祖先的保佑。唯一值得抱怨一下的是，裕廊西空氣中的巧克力味仍然濃郁撲鼻，看來我們只好繼續浪漫下去了。

話說回來，雖然我本身享受到屋價上漲的好處，但是對最近剛從學校畢業的社會新鮮人來說，那可就麻煩了。你都知道了，很多新加坡人早婚是因為要買價格遠低於私人房產的政府組屋。十年前，一對夫妻大約工作三年左右，很輕鬆便能付出占房屋總價二〇%的首付款，從此可以開始享受兩人世界。但是這樣的美好日子已經過去了，如今年輕夫婦可能得工作到三十歲以後，才繳得起首付款。跟台灣人一樣，新加坡人一輩子最大的一筆開銷就是花在房子上面，這下子可有不少人把氣出在新加坡政府身上了。我說了不算數，大家可以看看最近新加坡電視連續劇《一一八》的一個橋段，看完就知道火氣有多大。

電視劇《一一八》裡罵得口沫橫飛的年輕人

劇中人物的台詞確實很符合當下年輕人的感受，不過新加坡政府並不是省油的燈，在打房方面可是用足了手段。從二〇〇九年起，政府先後推出了多次降溫措施，包括增課「額外買方印花稅」及「賣方印花稅」、縮短房貸償還期限、限制貸款成數、限制房貸債務償付比例等等。聽起來好像很複雜，總之重點是針對房地產炒家，墊高他們的資金成本以避免頻繁地交易套利。而其中一些大咖投資客來自外國，這群人更是政府特別鎖定的對象。但是一直到了二〇一三年，新加坡的房價才漲到了頂點。與其說是新加坡政府打房花上四年，終於讓人看出成效；倒不如說是市場的力量本身決定了到頂的時間，政府只是扮演敲鑼打鼓的配角而已。

然而與台灣的房價問題相比，新加坡算是小巫見大巫。台灣政府也有類似於新加坡政府的一些政策，比如對短期買賣且非供自住的不動產課徵奢侈稅、調整房貸成數、擴大房市管制區域等等，甚至可能在二〇一五年打出房產合一課稅的殺手鐧。可是無論怎麼給房地產市場潑冷水，這些臨時措施都比不上長期的公共住宅政策來得有效。一個是治標，一個是治本，兩者哪裡能夠相提並論呢？

即將看完這一章的讀者應該已經發現了，新加坡黃金地段的永久地契房產，價格跟台北市沒有什麼區別。其他便宜很多的房產，不是離市中心遠，就是僅僅擁有固定年限的地上權。我買的組屋正是屬於以上兩個條件合而為一的狀況。從當下的實用價值來講，九十九年與永久並沒有明顯的不同。一般人怎麼可能活到一百二十幾歲呢？但是以購屋人子孫的角度來看，九十九年地上權房產的確缺乏繼承的功能。換句話說，政府組屋的「擁有者」經過二到三代，財產就會被歸零。這樣算是擁有嗎？真的是見仁見智。

我只能說，「不在乎天長地久，只在乎曾經擁有」，這即是政府組屋的核心精神。不過政府在照顧到人民居住權的同時，也保留了將土地重新規劃的彈性。我個人認為，以犧牲大部分人民的土地所有權來交換這兩方面的效益，假設政府本身不過度腐化，其實對全社會來講，還是很划算的事情。

政府組屋是新加坡制度最優越的其中一環，其重要性好比《西遊記》中的定海神針，保證了一黨長期執政，這一點相當值得台灣各級政府領導人深思，特別是宣稱要在八年內讓台北超越新加坡的柯文哲市長。來新加坡考察的公務員們不要只是寫寫報告而已喔，請把人家的優點拿回去實踐。更何況，新加坡政府在這方面的資訊十分公開，實在沒有學不會的道理。八年的時間說長不長，說短不短，拜託柯市長趕快啟程追趕吧。

Chapter 3

高度競爭的新加坡教育制度——菁英就是這樣培養的

新加坡政府以有錢聞名於世，教育一向是施政重點。
但政府的錢不是用來提供一個公平的環境，
而是塑造一個競爭的環境。

二〇一四年，也是台灣的十二年國教元年，下至學生、家長和老師，上至教育部，大家全部亂成了一團。有十多年沒住在台灣的我看到這般景象，坦白說，覺得有些莫名其妙。以我個人的理解，一九九〇年代起廣設高中和大學的政策是一連串錯誤的開始。如今，難道要用新的錯誤去糾正舊的錯誤嗎？有人會說，「這都是那些騙選票的政治人物搞出來的。」嗯，多少有些道理。那麼一黨獨大多年的新加坡，他們的政治人物又不用騙選票，教育制度應該規劃得十分有條有理吧？講求「任人唯賢」的新加坡政府，肯定是做到孫中山先生所說的「人盡其才」啦。真的是這樣嗎？讓我給大家說一說吧。

熟悉《投資告白》的朋友便知道，我原先是學土木專業，後來又從事土木相關工作五年，之後才偶然進入新加坡教育界服務。我在正式移居新加坡之前，已經對該國公家機關的工作很嚮往。其中一個原因便是在台灣看到一群過得非常舒服的公務員，讓我非常想跟他們當同事。但是既然要搬到新加坡，這個美好的願望看來就很難實現了。基於一種移情的心理，我寄了至少十幾封求職信到新加坡不同的單位，包括教育部。很遺憾的是，我得到的回應不是拒絕，就是石沉大海。在那段屢屢被打槍的期間，我曾經參加過一次教育部主辦的求職說明會，其對象為應徵教職者。這一類的說明會幾乎年年有，而且都是辦在市中心的星級酒店。

當天我去到會場，一進去就看到黑壓壓一群人坐在裡面，台上則是教育部人力資源部門的長官在講話。從他名牌上的英文拼音來看，估計是姓呂。我找了空位坐下來聽，才聽了半小時，就察覺到這不是個找工作的場合。呂先生說了老半天，只不過是一種政策宣示。他絕口不提具體的錄用條件。等他講完之後，進入了問答環節。台下一名年約四十的洋女子立刻對他開砲。據那名金髮婦人所說，她在國外原本是老師，來到這裡的兩、三年內就寄了十幾次求職信，每次都被教育部拒絕，而且沒有解釋拒絕的原因，所以她要呂先生當場給個交代。然而老呂從容地給她示範了一次象徵中華文化精髓的太極拳，硬是讓她氣得講不出話來。隨後又有不少人提問，繞來繞去都在同一個問題上。哎呀，都說是政策宣示了，教育部歡迎你們；但是怎麼進來，人家就是不想告訴你嘛。我倒是沒想到有那麼多人含冤莫白，看來大家是同病相憐了。會後大家把擺在場外的茶點一掃而空，算是發洩了一陣懷才不遇的怒氣。

一堆人擠在這邊看老呂打拳，其實反應了當時新加坡經濟的不景氣。自二〇〇〇年網路泡沫破裂以來，到二〇〇三年春天SARS疫情席捲亞洲，新加坡的失業率一直處於相對高位。各行各業人力過剩的情況，甚至一直延伸到二〇〇四年才有所好轉。這段期間，一大批大學畢業生找不到工作，被迫賦閒在家；於是提供穩定收入，但是薪資相對民間較低的公家飯碗一時變成搶手貨。連新加坡人也是一位難求，我被拒絕又有什麼奇怪的呢？

進入新加坡小學當老師

然而在二〇〇五年夏天，形勢發生了變化。教育部突然來信，通知我前去總部面試。當我不知該如何準備的時候，我從網路上看到一篇文章。有一位好心的台灣鄉親方小姐，在一個獅城台灣人常常出沒的網路社群上貼文，詳述自己曾經在政府小學教書的經歷。由於她歡迎大家發問，我就很不要臉地跟她聯繫上了。方小姐，台北人，皮膚白皙，笑眼瞇瞇。她是會計專業出身，約與我同齡，因為上班太無聊，所以在網路聊天室排遣工作情緒。她有一次跟一個新加坡男生在聊天室搭上線，越聊越投機，最後乾脆嫁到新加坡來。論起輩分，她比我早一年搬來這裡，算是我在新加坡的「學姐」。

她來這裡的第一份工作便是政府小學華文老師。我們聯繫上的當時，她剛剛辭掉僅僅做了一年的教職。除了告訴我教學環境的複雜之外，她還提到自己所受的不公平待遇。話說方小姐畢業自中興大學，也就是如今的台北大學。只要是台灣人就知道，這是一所名聲響亮的國立大學。她被教育部聘用的時候，卻是以高中畢業水平敘薪！這是怎麼回事呢？原來老師內部被教育部一刀切為兩個群體，一級老師和二級老師。兩者的分界線是大學文憑。這文憑可不簡單，必須是一張新加坡教育部認可的大學文憑。既然要教育部認可，那麼玄機可多了，因為教育部從來不公布他們認可哪些學校。我們只知道新加坡的幾所國立大學肯定在安全名單內，那麼新加坡的私立大學呢？國外的大學呢？這真是不能說的祕密。於是不幸的方老師在面試之後，收到了一張二級老師的錄取通知單。由於一時找不到別的工作，她「悲憤」地接受了只有一級老師薪水七折的待遇。

這時有讀者要問了：「薪水七折，那麼工作量也是七折囉？」那就表示你不知道新加坡社會階級有多麼分明了。答案如下——薪水七折，但是工作量不打折。讀者接下來的問題是：「擺明著把你看扁的工作，誰要做？」那便說明你不知道新加坡大部分人被政府看扁的情形。在政府長期控制之下，同年齡者只有二〇％左右能拿到大學文憑。換句話說，其他將近八成的非大學畢業生，從一進入社會，大概就只能乖乖地接受七折待遇。事實上，不只是老師有分兩級，在大部分公家機關裡都是兩個世界。不想被政府分去七折世界的新加坡人倒是還有一個辦法，假如能到澳洲或紐西蘭念個像樣的大學，的確有起死回生的機會，只是家裡得有點錢。而沒錢卻不死心的讀者又問了：「那新加坡人不做政府工，到私人公司上班不就好了嗎？」拜託，如果低學歷的人不做政府工，他們去外面做會更慘耶。我自己聽過一個在餐館收盤子的本地「安梯」（auntie 的新加坡發音）親口講，一個月的薪水只有八百新元，這比二級老師的薪水還差一大截。

看到這裡，大家不要誤以為一級老師的薪水有多高。二〇〇五年的起薪，是一千八百多新元而已；再扣掉公積金，真正拿回家的剩下一千四百多。新加坡政府很會算，他們曉得大家在搶鐵飯碗，於是在不景氣的那幾年悄悄地把新進人員的起薪給調低了。我這麼一解釋，方老師的委屈就顯而易見了吧。「既然台北大學的文憑都不算數，那麼我的台灣大學文憑呢？」我一想起來就覺得毛骨悚然，不過我只能硬著頭皮去參加幾天後的面試了。

面試當天，我感到異常的輕鬆。因為收過太多的拒絕信，神經已經麻痺了吧。即使上不了，至少我有來教育部總部大樓參觀過一遍。現場很像大醫院裡的醫生在看診，一個個小房間外頭有一堆人排隊等叫號。看看這些有幸被通知過來的男男女女，幾乎都比我年輕得多。我那時剛剛跨過三十大關，難道這些只不過是大學剛畢業的職場新鮮人比我更會扯淡嗎？所以在輪到我之後，我很有信心地走進去了。根據我多年參加面試的經驗，臨場反應比什麼都重要。主持面試這種類似於比武招親活動的人，通常也是被公司的人力資源部門臨時指定，並不直屬於該部門。換句話說，放著他手上日常業務不幹，卻要「浪費時間」來看一群菜鳥打擂台，還真是有夠無聊。所以如果有人在比武的時候，居然能讓疲倦或者煩躁的面試官感到精神一振，甚至是激發他的笑點，那麼招親的結果就十分有利於這一類的參賽者了。面試畢竟是一種特殊的招親活動，不專看武藝，其實更要看氣氛。

打著這樣的算盤，我在小房間裡見到一橫排板著臉孔的人。中間兩位退休的校長和兩旁的人力資源部門職員在十分鐘後給我逗得哈哈笑，很愉快地把我送出門。其實我只是用家常的例子來說明履歷上的一些細節，這樣不是很生動嗎？幾位面試官也是久旱逢甘霖啊。

接下來就是等候錄取通知了。由於有方老師的前車之鑒，我難免感到有些緊張。我確實很想進學校教書，但如果被列為二級老師，我該怎麼辦呢？等了大約一個星期，信箱裡出現了來自教育部的淺藍色信封。我屏住氣息，再撕開一看。「一級教師」幾個字瞬間讓我興奮地彈跳起來，這一點太太可以作證。但是「一級教師」後面的括號裡加註了「小學華文」，這就讓我感到很困惑了。記得當初填求職申請表的時候，我可是註明了自己想教中學數理科目的偏好呀。後來雖然有去爭取，但一想起教育部老呂那副德性，我並不抱有太大的期望；果然最終結論便是得教小學華文。我沒被劃在二級已經是皇恩浩蕩，其他就算了吧。

我被硬性歸類為華文老師的這一類狀況，同時還發生在許多中國籍的老師身上。但是在大約三十年前，有一批新加坡的老師也有類似的遭遇。為什麼會這樣呢？這就和有名的雙語教育有關了。今天我們所認知的雙語教育，被視為新加坡的招牌之一；但目前這個版本正式推行的年份，卻遠遠遲於新加坡獨立的一九六五年。雙語教育從建國以來一直都存在，只是形式相當混亂，兩種語言的排列組合有很多種。全國既有以華文、馬來文或淡米爾文為主要教學語言的學校，也有以英文為主要教學語言的學校。直到一九七九年，教育部才確立了統一的雙語政策。從這一年開始，雙語的優先次序是英語被當作第一語言，而包含華文、馬來文或淡米爾文的母語被當作第二語言。英語又被稱為官方語言或工作語言，從此取得至高無上的地位，之後為新加坡的經濟成長做出了巨大貢獻。那麼原本在華文學校教書的老師怎麼辦呢？許多以華文教其他主科的老師，即因為政策轉變而被迫去教華文，這不就跟現在的我一樣了嗎？從心理調適的角度來看，我或許不該太難過，畢竟老人家是半途中被「組織再造」，我只不過是上班前被通知而已。

至於被邊緣化的母語，從字面上來看，應該是指家裡講的話；但教育部的定義，卻是依種族區分——華人講華語，馬來人講馬來語，印度人講淡米爾語。隨著時間的推移，英語的強勢肯定會讓一般家庭中的語言環境逐漸轉向以英文為主。那麼以種族來區分的母語，既然和現實環境脫節，無論是哪一種族，對母語不可避免地會產生陌生的感覺，甚至是抵觸的情緒。這便是我們所看到的雙語現狀，一般新加坡人講英語比較流利，但是普遍不能完整掌握母語。從世界的範圍來看，大部分人類能說好一種語言就很不錯了，也許擁有真正的雙語能力是一種奢求吧。

說起新加坡的語言，最為外國人所熟知的是「新式英語」（Singlish）。以我十年來的觀察，我認為「新式英語」可概分為兩類——「標準型新式英語」（standard Singlish）與「街頭巷尾型新式英語」（street Singlish）。所謂「標準型」，是指文法、用字與英式英語相同，但是口音不同，好比澳洲腔與南非腔英語。而「街頭巷尾型」，則是將英語和中國方言（福建話、潮州話、廣東話、海南話……）、馬來語、淡米爾語混雜使用，不只是口音跟英式英語不同，連文法、用字也不一樣。在新加坡，一般來說，大學畢業生多半能自在地在「標準型」與「街頭巷尾型」兩者之間切換，視場合來決定頻道；越正式就越傾向使用前者，反之則用後者。如果一個新加坡人不是大學畢業生，由於英語詞彙有限，他通常只好單靠「街頭巷尾型」來走遍天下了。這便是我眼中的「新式英語」。如果你是台灣人，之前以為新加坡人連英文都講不好，希望這一段解釋對你有幫助。不要忘了，英文實際上就是目前年輕一輩新加坡人的母語。

語文課題交代明白了，回來看教育本身吧。如我在《投資告白》一書中所說的，我是充分體驗了一回中國古典小說鄭和下西洋的女兒國之旅。不管是小學或是教育學院，教員的男女比例都非常懸殊，男老師一直是稀有動物。這段經歷對我的慰藉，使我完全彌補了少年時期長達六年念男生班和男校的缺憾。某種程度上，這是過度的慰藉，因為我也徹底體會了什麼叫作「三個女人就可以唱一台戲」。女同事之間的鉤心鬥角讓我感到很疲憊。小團體間的意氣之爭，往往可以拖住校內作業程序很長一段時間。事實上，彼此的爭論點根本不在事情本身，而是以事情包裝，裡頭埋藏了很多個人情緒。「女人心，海底針」，或許有其道理。不過男女比例嚴重失衡的工作環境，看來才是造成同事之間氣氛詭譎的真正原因。

小一就開始分班

我認為新加坡和台灣教育制度最大的不同，在於「小六離校會考」。這是台灣在一九六八年推行九年國民義務教育後即行廢止的考試，但在新加坡卻保留到今天。因而在台灣國中階段常見的能力分班和校內外補習現象，在新加坡提前到小學階段便發生了。長期以來，新加坡教育部實施「小四分流」制度，也就是從小學四年級開始分班。雖然教育部在二○○八年取消了「小四分流」，但是所有家長和學生都知道，很多小學在小一就已經偷偷分班了。以我教的華文為例，教材分為三級：深廣、核心、導入單元。你從字面即看得出來，學生是被分成三班——A段班、B段班、C段班。其他主科例如英文、數學和科學，同樣是依照類似方式給學生劃分「階級」。

我自己就教過幾次C段班，可以深切體會到階級對學生造成的心理創傷。他們從小一就開始被貼標籤，自暴自棄是理所當然的事情。值得注意的是，被劃到C段班的學生比例約在一〇%到二〇%之間。有這麼高比例的學生在小學階段被機械式地放棄掉，這是不是新加坡政府在教育方面投入不夠所導致的呢？情況恰恰相反，以二〇一四年度預算為例，教育類開支高居十七種類別的第二位，其數額僅略少於國防類開支。新加坡政府是以有錢聞名於世，教育又一向是政府施政重點。比較可能的解釋是，政府的錢不是用來提供一個公平的環境，反而是塑造一個競爭的環境。但我會想問，即使國家的實力因人民彼此不斷競爭真的提升了，失敗者的自卑感又該用什麼去彌補？是否用成功者施捨的金錢可以補償？或許更關鍵的問題是，在一個變化日益加速的時代，以學校成績來決定一個人成功或失敗的制度，是否能培養出對社會真正有用的人才？

反過來看看A段班的情況。新加坡有一個特殊名詞——「小六會考狀元」。狀元有很多種，有各校狀元，也有全國狀元。這一類的年度焦點人物，在台灣同樣有，只不過主要產生在大學聯考這一關。

每年我都會看到記者在放榜後訪問「小六會考狀元」，要了解他們成功的祕訣。我覺得很有趣的是，大部分的新加坡狀元都是在強調自己很努力，練習題做了幾十遍。而在台灣，我印象中的狀元幾乎全是說他們很會規劃時間、讀書很有效率；總之是既有讀到，也有玩到。那麼家長呢？新加坡的狀元家長常會在鏡頭前演出苦盡甘來的戲碼，好像全家從此要鹹魚翻身。而台灣這邊卻是像意外當上星爸、星媽一樣的居多，最多是走路有風，沒有什麼悲情的感覺。想想當紅藝人Selina的父親「任爸」，你就明白我的意思。從這一對比看來，兩地雖然同樣都是升學主義掛帥的社會，考試的分量在人們心中還是有不小的差異。

暫且不論分流的利弊，我個人倒是因為教了C段班，發生了一次職業災害。咦？我本來從事土木業，應該是工地現場比較危險吧，怎麼職業災害會發生在學校？話說有一天，我進了一個小四C段班教室上課。平常這個班的學生本來就比較難管理，這很正常。如果有學生不聽話，我有一段時間習慣把搗蛋學生的書包拿到教室前方暫時保管，等下課時再發還。那天不正常的是，有一名學生在我出手的時候，同時使出吃奶的力氣跟我搶。不知道他的書包上藏了什麼暗器，這一拉扯突然把我左手中指的指甲給扯掉一半，當場血濺五步。這真是「滿清十大酷刑」，我因此去診所動了小手術，掛了一天病號。單以這一點來看，教室裡真的比土木現場還要危險啊。

補習班和獎學金

除了能力分班之外，校內外補習的現象也值得一提。由於學校空間不夠，大多數小學分為上午班和下午班。這一點類似台灣某些高中的情況，夜間部與日間部共用一間教室。假設某學生屬於上午班，當他成績未達標的時候，下午就會叫他來補習。補習有不同方式，有的是一師對多生，老師將這些被鎖定的學生重新編成一班，集體多做習題；有的是一師對一生，老師盯著學生一題一題做。校內補習完全是免費，只是苦了沒有加班費的老師，以及被逼來參加的學生。在校外到處有補習班，小六離校會考的四大主科——英文、數學、科學、母語——全部有得上。每家補習班都貼了紅榜，展示前一年本班升學成績。新加坡家長如果不喜歡大班教學，就會請私人家教。由於需求量很大，家教鐘點費相當高，行情好到能吸引很多辭職的學校老師全職從事此一行業。與台灣老師不同的是，新加坡老師工時長，又沒有任何形式的加班費，於是我的同事中有不少人「棄暗投明」去了。

與補習班文化相配套的是參考書文化。新加坡嚴格講起來，只有一家連鎖書局是全島皆有分店，那就是「大眾書局」。你以為它像台灣的金石堂書店嗎？那你就搞錯了。大眾書局比較像是台北市重慶南路上一些專賣參考書和考試用書的書店，店裡大部分的書櫃留給琳瑯滿目的參考書，其他類別的書籍反而是少數。請注意，這是新加坡規模最大、分店最多的書店。那些以銷售一般書籍為主的書店去哪兒了呢？以我這十年看到的，無論是外國書店，還是本土書局，基本上早就絕種了。怎麼會這樣？我也覺得很奇怪。你不妨瞧瞧地鐵和巴士裡，幾乎人人手持智慧型手機和平板電腦。總不會大家都在打遊戲和看韓劇吧？或許新加坡人已經進化到看電子書了呢。

我們再注意看一下補習班的外牆，會發現很多補習班強調老師是「獎學金得主」。在台灣，遠近馳名的「赫哲文理補習班」，不也一直強調創辦人是台大醫科的嗎？這是一種類似的廣告手法。新加坡和台灣雖然都有獎學金制度，但含金量大為不同。台灣的獎學金一般來說，只是發一筆現金就算了，最好的狀況是全額補助學生的學費。新加坡的獎學金不是這麼簡單。它是一個長期且完整的人才培育配套方案。政府每年會提供獎學金，發放給升學考試成績優秀的初級學院（Junior College，等同於台灣的高中）畢業生。這沒什麼特別，特別的是獎助內容。只要學生有本事申請到國內外任何一所知名大學，政府便替他負擔所有學雜費直到畢業。既然是任何一所，學生完全可以「吃到飽」。哈佛、史丹佛隨他去，反正政府買單。最誇張的是，學生畢業後政府還能保證就業，在某機關內留下主管職缺。一回來他可以直接跳過基層工作，管起一堆年紀較大的非獎學金得主，從此平步青雲。我們今天所看到的新加坡內閣成員與高階公務員，幾乎全是從這個管道坐直升機飛上來的，其中有好些人甚至在四十多歲便升到了部長。這樣的直升機制度好不好呢？實在是見仁見智。但可以確定的是，如果從直升機摔下來去當補習班老師，顯然是一件很遜的事情。我想補習班老闆應該是沒有想清楚，才會拿獎學金得主當招牌。老闆大人，您就饒了他們吧。喜歡拿獎學金得主兼政商名流當活廣告的華僑中學（Hwa Chong Institution），也沒想到他們最終會淪落至此啊。

獎學金得主之搖籃——華僑中學

獎學金得主的概念與菁英主義密不可分。我很久以前便聽說新加坡崇尚菁英主義，一直搞不清楚具體是怎麼回事。直到有一次學期中的教師訓練課程，我才恍然大悟。在那次受訓，我去了萊佛士書院（Raffles Institution）。這是新加坡最負盛名的一所學校，其初級學院部的地位相當於台灣的建中、北一女。一大早剛從學校旁的巴士站下車，我就發現校地面積非同一般，至少是台北市內一間私立大學的規模。我在校區四處走動的時候，更發現校內硬體與軟體設施甚至達到台灣的國立大學等級。一整天實地觀察下來，我感到心情非常複雜。我的母校建中始終是以學生優秀、校舍破舊著稱，為什麼同樣是一流的學校，建中人得到的是三流的環境？以前我們還可以安慰自己，環境越差的地方越出人才。但是，難道台灣要一直把惡劣的教育環境當作「強項」？這樣的精神會不會太過「阿Q」了？這真是讓人非常感慨。要進一步了解新加坡菁英受到的待遇，請再看萊佛士書院的官方宣傳片，相信你會跟我一樣的悲憤莫名。

典型菁英學校——萊佛士書院

各位不要把獎學金制度想像得太過美好，而忽略了它恐怖的另一面。大部分的獎學金都設下附帶條件，規定學業結束之後，要在國內服務若干年份。未服滿「刑期」者，政府會以高額罰金伺候。假如違約的你想賴掉，可沒這麼容易。早在拿獎學金的時候，政府便會強制要求你找兩個保人，而且對保人的資格要求很嚴苛。連我這個與獎學金得主沾不上邊的小學老師，當時為了到教育學院免費受訓一年，也必須簽下為期三年的不平等條約。看在三年「刑期」的分上，我的教育學院同學們都沒有嘗試「越獄」。可是同學們越是不敢嘗試，就越想知道究竟要罰多少錢。每次我和同學在寒暑假聚餐，話題除了圍繞在同事與學生之外，最熱門的話題莫過於此。既然同學的求知慾這麼強，中年轉業的我又比同學年長不少，而最重要的是，我有追根究柢的精神，看來我只好當仁不讓了。於是我在教育學院畢業的一年後就提出了辭呈，親手解開了謎底。從此之後，我成了同學們首選的違約顧問。雖然我在新加坡小學春風化雨的生涯已經在二〇〇八年畫下了句點，自此轉做全職交易人去了；但是從我以往對教育界的「慷慨解囊」來看，可以說是熱心不落人後，教育部長實在應該頒個匾額給我才是啊。

Chapter 4

「從中國來的啦！笨蛋！」——移民開放政策的利與弊

我們是新加坡公民，誓願不分種族、語言、宗教，團結一致，建設公正平等的民主社會，並為實現國家之幸福、繁榮與進步，共同努力。

——新加坡國家信約

最近幾年，台大社會系的薛承泰教授不斷對台灣失衡的人口結構提出警訊。他認為在高齡化與少子化的趨勢下，十幾年後的台灣會碰上大麻煩。一堆大學沒有人念？全民健保破產？長期照護沒人來做？其實這些問題目前已經可以看出一些端倪。或許輸入更多的外國廉價勞力是個不錯的方法，然而台灣政府到現在對這個解藥還十分敏感，深怕影響國內勞工的權益而裹足不前。那麼長期引進大量外國移民和外籍勞工的新加坡，應該就沒有這方面的毛病了吧？如果沒有的話，他們面對的問題又是什麼呢？要回答以上疑問，不如先坐一趟新加坡河遊船吧。

許多觀光客到新加坡來，其中一個熱門景點便是新加坡河畔。河畔豎立了一個叉著雙手、挺著胸膛的英國人雕像，吸引著無數遊人與它擺出一樣的姿勢。這個英國人就是在一八一九年來到新加坡的萊佛士（Sir Thomas Stamford Raffles），新加坡即從這一年開始被明確地載入史冊。在萊佛士踏上這塊土地的時候，這裡並不只是一個漁村而已。事實上，原先長期在馬來族政權管轄之下的新加坡，一直是東南亞的一個重要港口，馬來人、華人、印度人在此有活躍的貿易活動。所以從古早以前，新加坡就是個人來人往的地方。幾百年過去了，政權雖然幾度更迭，這裡仍然保留了人口大量流動的傳統。

到了今天，新加坡政府是怎麼管理組成複雜的人口結構呢？政府將所有人分為三類——公民、永久居民和非居民。前兩者並稱為居民，公民擁有新加坡國籍，領的是粉紅色身分證；永久居民為外國籍，領的是藍色身分證。非居民跟永久居民一樣是外國籍，但是以各類不同的准證在新加坡居留，比方有學生准證、就業准證等等。請注意，本書中的新加坡人指的是新加坡公民，並不包含永久居民。

新加坡的人口政策對民眾的日常生活影響深遠，這一點我在這十年間就頗有感受。讓我先從自身的經驗開始講起吧。各位在第 2 章已經看到我在二〇〇二年尾是如何執行購屋計畫，然而此一計畫的關鍵拼圖——我的永久居民證——究竟是怎麼辦出來的呢？

當時我和太太把移民與關卡局（Immigration and Checkpoints Authority，以下簡稱移民局）列出的所有可能性都攤開來研究。由於我們是一般老百姓，首先排除了條件是要財大氣粗的投資移民選項。其次就是依親移民嗎？並不是這麼簡單。根據太太的打聽，移民局要的標準依親組合，是一位新加坡男性公民配上一個外國女性永久居民；我們是非典型。所謂的「打聽」，還真的是道聽塗說。你要是看了我在教育部應徵的過程，便曉得新加坡政府機關的神祕作風。無論何事，只要你有求於政府，他們總是會列出某些公開條件，歡迎你來申辦。但即使你完全符合這些條件，他們要怎麼處置你，那是有非常大的裁量空間。如果你很想知道其中的細節，通常會得到「礙難奉告」之類的答案。既然是這樣，所以民間老是有很多的「傳說」，基本上都是由一般民眾跟公家機關打交道的經驗總結而成。政府即使什麼也不講，難道民眾不會去歸納分析嗎？這就是老百姓的智慧。

知道了自己是非典型狀況，我們便把另外一種可能性一起考慮進來，那就是「抵境永久居民計畫」（landed permanent residence scheme）。從這個管道進來的條件如何？簡單來講，你只要是台灣任何一所大學畢業即可辦理。經移民局批准，你手持在該計畫下的簽證來新加坡，這就叫「抵境」。在「抵境」一年之內，憑水電費帳單即可到移民局換發永久居民證。在二〇〇二年，台灣已經有非常多的專科改制為科技大學了，換句話說，任何一所大學畢業的門檻幾乎等於沒有門檻。至於水電費帳單，因為移民局不管你是買房或是租房，所以通常只要一個月便能拿到手，這也不算是什麼條件。尤其方便的是，新加坡政府還特別在台北開了一間專辦此特殊計畫的移民顧問公司，申辦過程中僅收取少許服務費。就我所知，當時只有台灣和香港兩地人民享受此一待遇。請注意，正因為它是一家公司，原則上是要衝業績，所以態度真的是「歡迎光臨」，沒有什麼神祕的感覺。

把依親移民和「抵境永久居民計畫」放在面前一比，前者無服務費，在移民局辦理，過程有如黑箱作業；後者有些許服務費，在移民顧問公司辦理，過程十分透明。雖然所謂的服務費大概是一、兩萬元台幣，並不算敲詐；不過我是台灣客家人嘛，能省則省，還是先走依親路線看看好了。而且我們又打聽到移民局正在放寬標準，一個新加坡女性公民配一個外國男性永久居民的組合，似乎有可能被接受，不試白不試呀。

於是我在二〇〇二年九月公證結婚之後，隨即向移民局遞件，提出申請依親移民。出人意料的是，我在十月底即收到核准通知，叫我到新加坡完成最後手續。接著我在收信後一週內去報到，去移民局兩次加上一次體檢，不到三天就發下了永久居民卡。之後因為我對進一步升級到公民卡興趣缺缺，我的移民經驗就到此結束。順帶一提，聽起來很容易辦的「抵境永久居民計畫」，已經在二〇一一年被政府無限期暫停了，這真是令人非常遺憾的事情啊。

永久居民和公民的差別何在？

大家或許會好奇，新加坡永久居民和新加坡公民的待遇有何分別？我認為最簡單的分別在於後者有「小紅包」，而前者沒有。什麼是「小紅包」？很多台灣人有聽說過，新加坡政府有事沒事就會給人民發錢，少則數百，多則上千。這出自政府在每年年初的財政預算案撥款，但也不是每年都有。一般新加坡人很清楚，政府通常在選舉快到的時候才會這麼做，而且重點是，選完之後會用各種方式收回去。所以有個民間的說法是，政府如果給你一支雞翅，之後會來跟你收一支雞腿！長期執政的人民行動黨（People's Action Party）簡稱是PAP，於是不少人戲稱他們總是要人民「付錢又付錢」（Pay And Pay）。

除了我說的「小紅包」之外，兩者在其他方面並沒有明顯差異，至少在十年前是這樣。公民不但沒有太多額外權利，反而要承擔不少義務，尤其是男性公民。新加坡是徵兵制國家，於是他們都得服滿兩年的兵役。

大學要先服完兵役才能去念，所以大學的男女同學往往會差兩歲；這一點在台灣就不太常見。然而新加坡國防部與男人們的糾結，並沒有因為那兩年而結束；因為他們在除役之前，每年都會被召回兵營訓練二到三個星期。有不少新加坡的中小企業老闆對這件事很感冒，覺得政府在擾民，妨礙他們的日常生產；不過也只敢在私底下抱怨而已。新加坡政府最大，沒有辦法。

永久居民和公民看來沒什麼分別，那麼我這個永久居民要找工作方不方便呢？坦白講，開始的時候真是頗多曲折。我原先是從事土木相關工作，前往新加坡之前，曾經在台灣一家工程顧問公司擔任結構工程師。由於公司為美商，另有分公司在新加坡；做了一年多以後，我大膽向根本不認得我的董事長提出內調新加坡的要求。出人意料的是，他很乾脆地為我牽線，立刻將我介紹給新加坡方面的高層。讀過《投資告白》的朋友便曉得，我去新加坡談了之後，得到了一個口頭的模糊承諾。總之我在台灣方面的工作結束之後再去就可以了，至於我什麼時候辭掉台灣工作，他們不管。於是在去之前的幾個月，我又應徵上一家半導體通路公司，做了不到三個月的儲備幹部，在新竹各大半導體廠走馬看花了一陣。然而大家不知道的是，不只是因為那段時間屬於空窗期，其實是因為第一次在新加坡分公司的會談讓我有些心灰意冷。事情是這樣的：話說我去的那一天，有兩位高層接見我，談了半個小時。他們的態度不算很熱絡，聽起來比較像是收容台灣來的「難民」，最後主動給我開了一個價格，月薪兩千新元。一聽到這個數字，我心裡頓時涼了半截，要是扣完政府強制扣繳的公積金，居然比我在台灣的薪水還少！其中一位高層送我出去的時候，在停車場再補上一槍，勸我不如在台灣好好待著算了。

離開之後，我一直感到很困惑，到底哪一個環節出了差錯？明明台灣的董事長已經給他們打過招呼了呀？過了幾個月後，我才突然想明白了。那天壞就壞在我一開口說的是中文，不是英文，結果他們以為我只能講中文。在新加坡，只能講中文的員工得到「折扣價」是眾所周知的事情，就只有我在狀況外！想清楚這個簡單的道理，我半年後再次去新加坡分公司談的時候，我抱定主意，打死也不說一個中文字。第二次接見我的是上回補我一槍的高層——土木部經理陳先生。他本來又要和我講中文，但因為我抵死不從、堅決只說英文，他的肢體動作和臉部表情跟上回完全不一樣，在簡短地詢問履歷上的細節後，之後半個小時全在和我閒話家常。談到最後，他問我希望月薪有多少。請注意，是「問我」，而不是「告訴我」。既然如此，我就不客氣了，我要兩千六百新元。陳經理立即微笑點頭，從行政部叫來一位職員幫我處理後續事宜。我在新加坡分公司的命運，便這麼轉了一個彎。從此陳經理更是「變本加厲」，沒事就傳我進小房間大談耶穌基督，使我得到「三千寵愛在一身」的獨特體驗。回想起來，永久居民的身分根本不管用，最重要的是，千萬不要在新加坡公司裡講中文啊。

另外，我雖然一直是永久居民，可是後來在政府小學教書的時候，卻是天天「享受」公民待遇。怎麼會這樣？原來每天早上朝會我們都要升旗唱國歌，之後全體口誦一段誓詞——「新加坡國家信約」。誓詞不長，一般聽到的是英文版本，其譯文如下：

我們是新加坡公民，誓願不分種族、語言、宗教，團結一致，建設公正平等的民主社會，並為實現國家之幸福、繁榮與進步，共同努力。

看到了嗎？一開頭就是提醒我為什麼不去換粉紅色身分證，所以每天我都說得很沒勁。我們華文部老師有好幾位來自中國，同樣是永久居民，她們也覺得很煩。我心裡想，為什麼不能搞一個永久居民版本的誓詞，或者把咱們這個少數族群加進正式台詞裡？我們真的念得很尷尬耶。所幸這個小小困擾在我離開學校之後就自動消失了，我看這種口號還是留給貨真價實的新加坡公民去喊吧。

我原本以為新加坡人會一輩子跟這幾句話糾纏不清，結果有一次看到電視上的一個益智類節目，發現並不是這麼回事。這個不小心戳破真相的節目，是由外景主持人隨機找路人，問他們一些代表新加坡印象的人事物，比如有名的海南雞飯攤位，看看大家知不知道。通常路人對這些生活化的題目答得不錯，然而有一集節目設定的問題是「新加坡國家信約」。這下可好，幾乎所有非學生身分的本地人都背不出來，連主持人也感到非常沒面子。信約在一般人心中的地位，實際上還不如一盤海南雞飯？這讓我感覺到，人性裡畢竟有一些普世價值，死記硬背的東西始終是無法打進人的心坎裡。

大量客工服務新加坡

講完了公民和永久居民，現在來說說非居民的狀況。假如他們要進來工作，那就不是移民局的事情，另外要找人力部來辦理。人力部批出的准證名目繁多，一般是根據所得與技能水平來分級。其中被劃在最下一級的，就是所謂的外勞和外傭。公民和永久居民平常享有的種種社會福利，原則上都與這兩類人士無關。

外勞在新加坡被稱為「客工」，一般從事新加坡人認為辛苦、工作環境骯髒和收入低的工作，比如建築、造船、餐飲、清潔等行業現場，便可見到大量的客工。其中最直接影響新加坡人日常生活的，或許是清潔業。你如果有在新加坡食閣、咖啡店或小販中心的熟食攤位吃過飯，你會發現當地人幾乎沒有在清理之前食客留在桌面的東西。那是什麼人在清呢？就是客工和一些上了年紀的新加坡老人在清，而前者顯然為數較多，一般是中國籍和印度籍。當用餐時間到來，以上所說的幾個地方擠滿了上班族和學生，此時清潔工很容易忙不過來，於是許多餐桌上堆滿了來不及收拾的碗盤。即使是這樣，新加坡人還是懶得動手，寧可用紙巾在桌上擦出一個稍微乾淨的小方塊，在此填飽肚子。有一次，我在晚間去市中心牛車水的一間小販中心，當時那裡有幾週臨時找不到客工來收碗盤。這下子，可不只是堆滿而已，而且是堆高了。我目睹了每張桌子都有油膩膩的埃及金字塔，或義大利比薩斜塔的離譜景象。在這裡的幾百個食客雖然肯定是人類，但從某個角度來看，真的很像在廚餘桶或垃圾堆裡吃東西。由此可見新加坡人倚賴客工的程度。

以上所說的是吃飯的地方，此外另有社區的清潔工作，該不會是新加坡人自己動手維護起環境了吧？當然不是啦。這裡我談的社區是大部分人居住的組屋區。社區的範圍，基本上是指住家以外的地方，樓梯、走廊、電梯、一樓公用空間、戶外草坪、遊戲場等等。政府在各區負責環境衛生的單位叫「市鎮理事會」，由此單位雇用客工來執行。每幾座組屋會共用一名客工，一般是印度籍。假設他負責的是三座組屋好了，每座約有一百戶，那麼他的服務範圍就是三百戶人家左右。由於我並不是天天看得到我家這個區塊的客工，實際範圍可能不止三百戶。新加坡人要是沒有他們可麻煩了。舉例來講，我發現許多組屋電梯時不時就會有人在裡頭撒尿，究竟是人尿、狗尿或是貓尿，便不得而知。另外，電梯裡的扶手上也常常會出現沒喝完的飲料杯子、瓶罐，搞得我這個台灣客家人在潛意識中很想拿起來喝一下。電梯裡是這樣，電梯外更是如此。

難道新加坡跟台北市一樣不好找垃圾桶嗎？情況剛好相反，新加坡垃圾桶的密度極高，投入口還大得很，可偏偏很多人就是亂丟垃圾。新加坡人大概怕客工太閒，所以要磨練他們堅忍的意志。

從理論上來講，我們組屋居民是客工的上兩級老闆，因為每戶組屋居民每月要繳將近一百新元給市鎮理事會，再由他們分配給所屬的員工。人們付了這麼些錢，便將所有清潔責任推給外勞？我認為一些本國基層的工作，長期仰賴外國人並不是什麼好事；畢竟人家可以移去任何出得起更好價錢的國家工作。而且新加坡人如果不用這麼多客工，或許自理環境的主動性會好很多，對國家社會的歸屬感也會比較強嘛。

每五個家庭，就有一名外傭

至於外傭呢，那更是深入千家萬戶了。據政府統計，目前全國約有一百一十多萬個家庭，而外傭約有二十多萬，所以差不多每五個家庭裡就有一名外傭。電影《小孩不笨》和《爸媽不在家》都出現了外傭的身影，基本上反應了新加坡家庭與這個群體共生的關係。她們大部分來自菲律賓和印尼鄉下，之前連當地大城市也沒去過的相當多，結果一出國工作就來到城市型國家新加坡，這對她們的心理衝擊必然不小。反過來說，一個種族、生活習慣都不同的外國人突然住進家裡，新加坡人同樣需要適應。到底雙方彼此磨合的狀況是如何呢？我一直是霧裡看花，只知道很多新加坡人是用高壓的方式去管理，一個不行就換一個，反正便宜得很。

在家裡只有我和太太兩個人的時候，我從沒想過有請人幫忙的需要；但二〇〇九年小孩一報到，事情忙得讓我們一下子把腦筋動到外傭這邊來。當時我們去了一個外傭雇用公司群聚的商場，在此發生了與外傭的第一次「親密接觸」。與台灣不同，新加坡有許多聘雇期限未滿就被新加坡人因種種理由「退貨」的外傭，滯留在外傭雇用公司。她們沒別的事可做，每天只能坐在裡面等著被人簽約帶走，有如被古時候的皇帝在後宮「選秀」。當然新加坡人也可以依照台灣的方式，純看不在場女傭的基本資料，「書面審查」之後才把人從外國請進來。兩種方式各有利弊，但以我們當時的狀況來講，「選秀」顯然比「書面審查」切合新手爸媽的需要，於是我們便在商場裡開始了與十多位外傭的馬拉松式面談。

由於我們無從判斷她們說的什麼是真、什麼是假，最後只好單憑感覺挑了一位女傭。諾比，菲律賓人，年紀二十五歲上下，身形粗壯，是一名天主教徒。從書面資料上，我們知道她在黎巴嫩當過女傭。另外根據她的口述，她在新加坡很短期地為一家人工作，被他們欺負一陣子後就「退貨」了。假如她說的是真的，那麼我們好好對待她，應該會相處得不錯吧，畢竟我們並不想採用一般新加坡人的強勢方式，總是希望能人性化管理。本著美好的願望，我們就在當天辦完手續，付了第一個月的薪水，然後在傍晚帶著諾比回家了。到了家裡，稍微給她介紹一下工作環境，大家便洗澡休息去，結束了疲憊的一天。

第二天一早，諾比開工之前，先要求打電話回菲律賓。沒問題，讓她報個平安吧。講完之後，我們讓她掃地和拖地看看。掃地的時候還算正常，可是拖地就有點奇怪了。她在水桶裡裝的水非常少，少到水面能否蓋住拖把也有問題；而拖地的時候漫不經心，似乎沒有在看哪裡有或沒有拖過。這就算了，再讓她用抹布擦一擦家具、櫥櫃好了。這下她的精神來了，擦到哪裡，便打開抽屜瞧個仔細。我和太太看到這一幕，心裡都暗叫不妙。我們在家的時候，她就這麼搞法；如果我們不在，那還得了！這時不過到了第二天下午，我們已經開始商量該怎麼處置她了。要對她曉以大義嗎？大概沒什麼用。要罵她嗎？那我們的人性化管理就破功了。討論了兩個小時，我們得到結論——立刻「退貨」！由於天色已黑，我們只好等隔天再行動。

第三天一早，我們不動聲色，叫諾比換上外出的衣服，說是要跟我們出去買菜。她換好之後，我們告訴她：非常不好意思，請她收拾東西回去外傭雇用公司。出乎意料的是，她沒有什麼吃驚的感覺，反而問我們能不能送她一些不要的洗髮精。其實我的心裡已經很火大了，你竟然還好意思跟我要東西？答案當然是「不行，我們走吧」。於是，我們就把很淡定的她送回去了。「退貨」手續處理完，才進到家裡，我們就發現垃圾桶裡多了一個空的牙膏外包裝紙盒。原來諾比在廁所裡換衣服的時候，已經下手偷了一管全新的牙膏。我們的想法早就被她看穿了！至此，我們的人性化管理實驗徹底失敗。因為對再次找幫手感到心灰意冷，我的奶爸生涯也隨之開始，詳情可參閱《投資告白》一書。有什麼辦法呢，我只能怪自己是凡事得親力親為的命吧。不過親手帶小孩和操持家務了幾年，我倒是成長不少。從結果來看，給女傭的錢省了，而我對生活的體驗也深了，其實我反而該感謝那位諾比小姐喔。話說回來，我們能從二十多萬個女傭中選到她，也真是有夠瞎的。這正是所謂的「千里孽緣一線牽」。

每十個人，就有將近四個人是外國人

新加坡的非居民，到底有多少人呢？根據二〇一二年政府的統計數字顯示，非居民超過一百四十九萬人。這算多嗎？你可能沒什麼感覺。那我們拿公民和永久居民的數字來看：前者是三百二十九萬多人，後者則是五十三萬多人。換句話說，非居民占全國人口的二八％，每四個人就有超過一個人是非居民。而因為永久居民跟非居民一樣是外國人，所以每十個人，就有將近四個人是外國人。這樣算不算多呢？肯定是很多了。所以有些人把新加坡當成亞洲的杜拜不是沒有道理，只是程度不同而已。以二〇一〇年台灣最近一次的人口普查數字來看，全國兩千三百一十二萬多人裡，僅有五十六萬多是外國人；換算下來，外國人的比例連三％也不到。相較之下，難怪有不少新加坡人感到「新加坡不是我的家」。

如我早前所說，非居民中的外勞是以中國籍和印度籍為大宗，然而從整個非居民群體來看，中國人和印度人仍然是最大的兩個族群。關於以國別劃分的非居民人數，新加坡政府保持了它一貫的神祕作風，堅決不予透露。但是我說過了，難道老百姓全是瞎子嗎？人們走在路上一看，不是中國人，就是印度人。不只是在路上，這兩個族群已經深入了生活的所有層面，尤其是中國人。像是我家小孩上的幼稚園，我粗略算了一下，每十個小朋友就有超過三個疑似中國籍。你覺得很難分辨嗎？不會的，只要看一下小朋友姓氏的英文拼音就知道。本地人常用的是方言拼音，凡用漢語拼音的大概就是從中國來的。而且不要說是小朋友了，連我們的幼稚園老師也是中國人啊。

中國人裡頭，小留學生是十分值得一提的一個主要群體。我剛來的時候常聽到一種說法，他們最喜歡拿新加坡當「跳板」。什麼意思？跳法是這樣的：小學到初級學院的基礎教育在新加坡念，之後再轉往歐美念大學。不過近十年來，新加坡國內大學大量頒發全額獎學金給中國籍學生，此一現象似乎有扭轉的趨勢：越來越多中國學生留在新加坡完成所有學業，並進入職場。據說有不少中國人在公司裡升任主管之後，會刻意提拔同鄉而排擠本地人。此一現象並不只出現在中國人這個族群，原籍為印度的印度人或原籍為馬來西亞的華人，或多或少也會這麼做；但因為中國人人數眾多，一舉一動便特別容易引人矚目。以中國人本身來說，他們來新加坡追求更好的生活，是天經地義的事情。但事情總有個先來後到的分別，本地人畢竟是主人、他們是客人。如果他們無法理解本地人的不滿，不妨想想中國的情況。擁有城市戶口的居民，往往非常不希望戶口在鄉下的農民工大量進城。農民可以進城來提供勞動力，但如果要留下來分食各級學校入學名額、社會福利等資源，每個城市居民都可以講出一堆理由來拒人於門外。說到底，不就是怕僧多粥少嗎？中國許多大城市的人口比新加坡還來得多，新加坡人面對中國這麼大的人口輸出國，豈能不膽戰心驚？

既然中國人到處都是，我也因此受了池魚之殃。話說我在二〇〇八年離開職場，從事全職交易的同時，也順便將髮型反璞歸真。從那時起，我留了六年的平頭。這本是因應個人舒適的需要，然而事情沒有那麼簡單。我在這六年裡搭乘「的士」很多次，其中超過一半的司機，在我一上車時就會用嫌惡的語氣問候：「你是不是中國來的？」這問題正出在我的髮型上，平頭是中國人最流行的髮型！我頭幾年還跟他們用中文解釋老半天，到了後來，我在車上一律以英文回話：「不是喔，我是台灣來的。」只要「語言頻道」調對了，司機的表情即刻會柔和起來。另外一個安全的選擇，是講新加坡最普遍使用的方言福建話，類似於台灣的閩南話。但是我本來就是個只會講國語的台灣客家人，實在不想再自曝其短了啦。

大家要知道，所謂的非居民不是自己想進來就可以進來，他們是被政府放進來的。在新加坡建國之初，本地廉價勞動力充足，企業對外勞的需求極少。之後新加坡人薪資急速攀升，於是政府基於經濟成長的需要，以及為本地企業繼續提供廉價勞動力，才大開方便之門。一開則不可收拾，所以超過一百四十九萬的非居民多半是這麼來的，新加坡藍領工人的就業機會便首當其衝。至於永久居民，雖然進入門檻較高，人數也沒那麼多，但是因為此族群與公民享有的權利差異不大，分食公共資源的現象比起非居民更令人側目。現在新加坡人只要一搭乘地鐵、巴士，舉目所見皆是大批的外國人，於是他們對政府長期開放的人口政策不免就產生了質疑。

反移民情緒蔓延

正當反移民情緒在民間燜燒的時候，政府主動搬來了汽油桶。這桶油，正是二〇一三年初政府公布的人口白皮書。白皮書中提到，二〇二〇年新加坡總人口將增長至五百八十萬到六百萬之間，而二〇三〇年將增長到六百五十萬到六百九十萬之間。各位已經知道，二〇一二年的總人口五百三十一萬中，有將近四成的人不是新加坡公民，而白皮書也點明了生育率長期日益低下的趨勢。換句話說，新增的人口顯然大部分必須由外國人來填補，將近四成的外國人比例將繼續上升，未來將直逼五成！你說早就感覺不舒服的新加坡人，是不是會把「六百九十萬」當成眼中釘、肉中刺呢？

白皮書公告之後沒幾天，二月十六日，新加坡人自發地在位處市中心的芳林公園（Hong Lim Park）組織了集會，現場聚集數千人。數千人在台灣沒什麼，隨便一個群眾遊行就會達到這個數量級。但是在民眾一向對政治冷感的新加坡，這卻是個驚人的數字。人們自製的標語牌上，有著各式各樣平常電視上看不到的刺激口號：「救救新加坡，向六百九十萬說不」、「新加坡是一個充滿窮人的有錢國家」、「新加坡裝不下六百九十萬人」、「有兩種方法使你感覺足夠，一種是累積更多，一種是減少慾望」、「『他們』不在乎我們」……這段由一位現場參與者拍攝的兩分多鐘短片，充分顯示了本地人的焦慮，值得大家仔細看看。

反人口白皮書之群眾集會

這場集會某種程度上預言了即將發生的一件大事。二〇一三年十二月八日晚間九點多，平時便是客工雲集的小印度，爆發了一九六九年以來最嚴重的群眾暴動事件。事件的引爆點，是一名印度籍客工因為酒醉而不慎被巴士輾斃。事故發生之後，許多在附近的客工跑來圍觀警察如何處置現場。據說他們誤以為警察縱放了壓死人的新加坡籍巴士司機，結果幾百人就鬧了起來，一鬧則不可收拾。首先趕到現場的警察沒看過這樣的大陣仗，一時不知所措；這也包括一身便衣跑來的轄區分署長呂瑤琳（譯名，Lu Yeow Lim）。當下呂先生做出了令人不可思議的決定——他要所有警察按兵不動，等候支援；而他自己則留守在案發現場外圍。喂！他們不就是警察嗎？是要等誰支援啊？在呂先生的「指揮」下，原本只是小打小鬧的暴民很快就看破警察的手腳，放開了膽子大肆攻擊警察，甚至砸起警車來了。過了半個小時，呂先生總算等到了支援部隊——上百個鎮暴警察。直到十一點多，混亂的局面才受到控制。令人好奇的是，當暴徒在焚燒警車的時候，警察到底是在哪裡啊？

小印度暴動現場狀況

事後政府為此組織了一個調查委員會，希望還原事件的來龍去脈。那位只會等待支援的轄區分署長呂先生，成了調查委員的圍攻焦點，然而他倒是有滿腹委屈，舉出一大堆理由要替自己解釋。比方說按兵不動這回事，他說是不想激怒暴民，以免他們動手殺人。「與其讓客工殺人，不如讓他們砸警車洩憤好了。」聽了這種荒唐的辯解，一名身為前警察總監的調查委員忍不住跟他吵了起來。像這樣的橋段充斥著整個調查過程。然而報告最終出爐的時候，卻是雷聲大、雨點小，而讀了報告的副總理甚至還讚賞起整個警察部隊的優秀表現了。看到政府如此賣力地為警察們開脫，不禁讓我想起前陣子由警方友情贊助的一齣新加坡連續劇《警徽天職》。電視裡的警察每個都好威猛，他們跟現實世界裡的警察怎麼會差這麼多呢？

《警徽天職》的精彩片頭

新加坡的人口政策開放到今天，可以說是連警察也壓不住了。那麼離小印度有一定距離的我是怎麼想的呢？不如讓我說說最近發生的一件小事吧。

有一天，我和太太用嬰兒車推著小女兒坐地鐵。當我們要出站的時候，我們和另一對新加坡年輕夫婦先後推一輛嬰兒車進入電梯，於是空間已經差不多被六個人給塞滿了。不料電梯外，還有一位馬來老先生與馬來小妹推著坐輪椅的馬來老太太，他們不管電梯裝不裝得下人，非要擠進來不可。馬來老先生硬推了幾下不成，結果瞪著我用馬來話罵了一句：「從中國來的啦！笨蛋！」（China lah! Bodoh!）碰到這種事情，難道我要用台灣的髒話回敬他嗎？拜託，我以前可是老師耶，算了啦。

各位朋友，現在你知道我對人口開放的感受如何了吧。

Chapter 5

賭場讓當鋪也時尚
——博弈事業帶來的紅利與隱憂

我們能不能承受對賭場說不的後果？
如果我們有賭場，我們會有些麻煩嗎？會的。那麼我們沒有賭場，就沒有麻煩了嗎？我想我們會有更多麻煩。
世界會繞道而去，然後我們會看到隔壁鄰居建起新賭場。等到我們想跟著做的時候，只能做出一個二流的模仿貨。

——李光耀，2005 年

二〇〇九年，澎湖縣舉行了台灣有史以來第一次的博弈公投，多數的縣民否決了這個提案。有第一次便有第二次，二〇一二年，馬祖也舉行了公投，這裡的大部分老百姓卻投下贊成票。但即使是贊成，馬祖這個離島偏鄉到今天連個工地的影子都看不見，究竟馬祖要到何年何月才能建起第一個包含賭場的大型觀光度假村呢？反觀新加坡，在短短幾年內就蓋起了兩座豪華炫麗的「綜合娛樂城」（Integrated Resort），這是怎麼辦到的？賭場對國家與社會的利弊如何？別急，讓我先帶大家回到一九九九年。

我在第1章結尾曾經提過，在搬到新加坡之前，我對新加坡整體印象相當不錯。不過，觀光旅遊方面卻是例外之一。與新加坡本島隔水相望的聖淘沙馳名中外，然而在一九八〇年代啟用的各項設施似乎沒有再更新升級。聖淘沙島上雖然有三寶——纜車、水舞、魚尾獅，可是一陣清涼的海風拂來，反而讓人昏昏欲睡。這是一九九九年尾的第一印象。

事情在我遷居新加坡的那一年發生了變化。二〇〇四年三月，某部長向媒體拋出風向球，宣稱政府正準備研究興建賭場的可行性。在這次媒體訪問中，他所描繪的賭場，是一個國內外有錢人的專用遊樂場，設立於聖淘沙以及幾個更南部的小島。那沒錢的新加坡人怎麼辦呢？該部長說得好：「他們可以繼續去買彩票和賭馬。」這段訪談一公開，立即引發軒然大波。自新加坡建國以來，無論是從道德或宗教的角度來看，賭場一直是個禁忌話題。你想想，李光耀幾十年來費力打造的國家形象是乾淨又健康，怎麼可能從政府高官的嘴裡迸出萬惡的「賭場」兩字呢？

隨後的一年內，社會上一般民眾的討論固然十分熱烈，國會裡的辯論同樣不遑多讓，許多平常默不作聲的執政黨議員也開了金口，似乎是被輿論逼著要對這個爭議課題表態。從當時的民意來看，我們可以肯定的是，反對興建賭場的要占多數。如果政府按照大部分人的意願來決策，那麼這件事應該是胎死腹中了。然而政府並不死心，在二〇〇五年初，將「賭場」這個字眼巧妙地置換為「綜合娛樂城」，企圖淡化賭博的單一色彩。所謂的「綜合娛樂城」，集購物、休閒、住宿、主題樂園、會展、博弈等多種用途於一身，給人聽起來的感受就不太一樣。這個新講法不像是模糊焦點，因為在最初的計畫裡，政府的確只打算興建一個「有錢人的賭場」。或許也因為這幾個月下來輿論的壓力，才推著政府把整個規劃的格局，拉高成社會各階層都能自由出入的複合式娛樂中心。

即使政府端出更豐富的「菜色」，社會反對的聲浪仍此起彼伏，直到定案前，甚至有人提出要公民投票，讓所有人來決定此案存廢。大家可能要問：「新加坡有公民投票這回事？」答案是有的，只是最近一次的行使，已經是在建國以前的一九六二年。當時是就新加坡是否併入「大馬來西亞」的議題進行公投，而且公投發動權在政府手上，公民可不能自己去連署一個題目來公投。既然上一次公投是決定國家前途等級的議題，政府很輕易地就回絕掉這一次小兒科的要求。

二〇〇五年四月，就在李顯龍總理宣布結果前幾天，對賭場案一直保持緘默的內閣資政李光耀，搶先對外公開他的看法。他先花了相當長的一段時間解釋自己的老爸，也就是李顯龍的阿公，是怎樣的一個濫賭鬼，要不是他老媽管得嚴，他們李家便要家道中落下去了。所以他不只是理性上反對賭場，從個人經驗的感性層面來說，同樣非常厭惡與賭博有關的一切事物。不過，重點來了，他對新加坡人提出了問題：「我們能不能承受對賭場說不的後果？」他換個方式又問：「如果我們有賭場，我們會有些麻煩嗎？會的。那麼我們沒有賭場，就沒有麻煩了嗎？」李光耀接著說：「我想我們會有更多麻煩。世界會繞道而去，然後我們會看到隔壁鄰居建起新賭場。等到我們想跟著做的時候，只能做出一個二流的模仿貨。」他用各種角度陳述觀點，而他的最後結論藏在以下這段話：「我們應該保持現狀嗎？我希望我們可以這樣下去。但是我們必須決定什麼是我們的未來。」

李光耀給這件事定了調。二〇〇五年是決定新加坡未來格局的關鍵時刻，賭場或是「綜合娛樂城」就是通往未來的必經之路。果不其然，幾天後，兒子李顯龍一錘定音了——娛樂城不但要建，而且要建兩個。除了早先規劃的聖淘沙之外，濱海灣（Marina Bay）一帶的海埔新生地也雀屏中選。前者主打以主題遊樂園為主的休閒功能，而後者則首推承接國際會展的商業功能。貿工部長之後還做了專題報告，強調賭場的面積只占娛樂城總體的三％到五％之間。此外，政府將新設一個單位——「全國預防嗜賭理事會」（National Council on Problem Gambling），專責處理李光耀說的那種濫賭鬼。政府種種措施，等於是在告訴新加坡人：「你們可以放心了吧。政府有在管，社會風氣不會被賭場搞得烏煙瘴氣的啦。」

綜合娛樂城真的那麼「綜合」嗎？

隨後幾年，數以萬計的施工人員輪番上陣，聖淘沙和濱海灣成了巨大的工地。每當我們乘車經過這兩個地方，視覺總是會被浩大的工程所衝擊。以我記憶所及，台灣大概只有高鐵有這樣的施工規模。時間過得很快，到了二〇一〇年，「聖淘沙名勝世界」及「濱海灣金沙」兩座娛樂城都開幕營業了。我們全家曾經在第一個小孩周歲的時候，到聖淘沙名勝世界的「節慶酒店」住宿一晚。當時離開幕不到兩個月，酒店連游泳池都還沒做完，但從室外看來，真的非常光鮮亮麗。這是我在一九九九年來過的聖淘沙嗎？它就跟動過整容手術的女人一樣，已經讓我很難認出它的原貌了。正如我在第1章末尾所說，原本覺得台灣六福村還不錯的我，這下只能被李光耀一手催生的綜合娛樂城給震得啞口無言了。

如果我們不看表面，兩座娛樂城正式運轉以來，究竟績效如何呢？它們對新加坡而言，真的是通往未來的必經之路嗎？

我們先看看好的方面。由於兩家娛樂城的背後各是一家股票上市公司，財務報表是公開資訊。從紙面上來看，利潤確實節節高升。高到什麼地步？把全世界包含賭場的娛樂城放在一起比較，它們也是名列前茅。

二〇一二年底新加坡官方公布的數據顯示，它們在新加坡的直接投資超過了一百三十億新元，創造的就業機會達兩萬兩千多個。另外據聯合國下屬機構的統計，二〇一三年新加坡的到訪旅客增長率達八％，大幅超過世界平均值的五．三％。最後我附上自己整理的一張表格，讓大家看看新加坡旅遊業自二〇一〇年起的增長勢頭有多麼迅猛。李光耀親自代言的「賭場十全大補丸」就是讚！

從最近的各種數據來看，綜

2008-2013 年新加坡國際旅客到訪人次與旅遊業收入統計表

年份	國際旅客到訪人次（百萬人次）	旅遊業收入（10 億新元）
2008	10.1	15.2
2009	9.7	12.8
2010	11.6	18.9
2011	13.2	22.3
2012	14.5	23.1
2013	15.6	23.5

資料來源：新加坡旅遊局。

合娛樂城的表現確實亮眼。不過在二〇〇五年定案之初，政府可是有自行推估的數字。當時的預測是這樣的，兩家娛樂城在新加坡的直接投資額是五十億新元，創造的就業機會則有三萬五千個。把前一段提到的二〇一二年成績拿來一比，我們會發現投入的錢比預期多，而效益卻比預期少。簡單說，就是事倍而功半。這一點大概不算太過分，因為新加坡政府已經鐵了心要做，如果不稍微吹一下，要怎麼讓民眾有所期待？難道政府要做一個讓人很黯然、很銷魂的報告給大家看嗎？不要說別人，台灣政府也好不到哪去。我曾經在一九九五年偶然看過一份台灣高鐵局對高鐵需求的推估報告，那裡面連對台灣人口的假設都很離譜。當時高鐵局預測高鐵通車的時候，全台人口會超過兩千五百萬！

之前我說過兩家娛樂城的財務報表是公開資訊，除了看總體利潤的增長趨勢之外，其實我對營業收入的組成比例也很好奇（畢竟我還有一個身分是全職交易人嘛）——到底來自賭場的營業收入占總體多少？仔細一瞧最近兩年的報表，聖淘沙名勝世界及濱海灣金沙這兩座綜合娛樂城，賭城部分的營業收入占比，全都超過七〇％！換句話說，集購物、休閒、住宿、主題樂園、會展、博弈等多用途於一身的「綜合」娛樂城，博弈事業才是真正的核心事業；其他所有用途加總起來的貢獻度，只有百分之二十幾。這些窮巴巴的週邊事業，可以說是食之無味、棄之可惜的雞肋。記得嗎？貿工部長曾經說，賭場的面積只會占娛樂城總體的三％到五％之間。這麼小的幾個封閉式空間怎麼會賺那麼多錢？這真的跟一般人的印象差很大！要是沒看報表，我也一直以為賭城的營業收入最多不過占三成啊。

政府預防嗜賭，也幫忙報明牌

政府在二〇〇五年的時候不是成立了「全國預防嗜賭理事會」嗎？且不說成效如何，新加坡人對該單位的廣告倒是印象深刻。這幾年來最為人熟知的，或許是一段父親和女兒的對話。父親態度殷切地對女兒這麼說：「妳不用怕，我知道我在做什麼。我最近的手氣比較好。只要再賭一把、就一把！我就能夠翻本，全部贏回來。我答應妳，這是最後一次。我一定會通通還給妳。」聽父親這麼說，大約五歲的女兒反而把手中的撲滿抱得更緊了。這段廣告的訴求，在於喚醒濫賭鬼對家庭的責任感。不過他們大概都忙著去賭場了，有空看這段廣告嗎？

全國預防嗜賭理事會廣告之一

但該單位的另一個廣告，可能就連忙著去賭場的濫賭鬼，也會非常有興趣了。這是恰巧在二〇一四年世界杯足球賽期間拍攝的廣告，片中一群男孩很熱烈地討論自己家裡支持的球隊，各有各的理由。不過最後一個男孩的理由比較特殊，他說：「我要德國贏。我爸拿了我全部的儲蓄，賭他們贏。」話一說完，全部的小朋友都靜默了下來。這段影片仍是主打家庭責任感，但有看完二〇一四年世界杯足球賽的朋友就知道——德國隊是冠軍。請注意，這廣告在六月初就公開播映了，全國預防嗜賭理事會是怎麼精準預測到七月十三日的結果？政府公開報明牌給大家，這根本是帶頭作亂啦！

全國預防嗜賭理事會廣告之二

高利貸與時尚當鋪

自從賭場開張之後，大家的生活有什麼不一樣嗎？有的。由於我除了是全職交易人，也是一名奶爸，推嬰兒車是我日常生活的一部分。在組屋區裡推來推去，我發現很多組屋的樓下都放了一個警察派出所的告示牌，牌上寫的是「本座組屋遭非法放貸業者騷擾，目擊者請報警」。這是怎麼回事呢？非法放貸業者，在新加坡又叫「大耳窿」，等於是台灣放高利貸的公司。一些缺錢的人從正常管道借不到錢，最後找上的便是「大耳窿」。既然是不正常管道，「大耳窿」收取的利息可以隨便亂喊，利息就如雪球一般越滾越大。這下糟了，還不出錢的人比比皆是。結果「大耳窿」只好一一去「拜訪」債務人。債務人在家的話，出言恐嚇那是少不了的；債務人如果不在家，輕則在門上潑漆或在牆上寫下「欠錢還錢」字樣，重則直接在門口縱火。這也就罷了，偏偏「大耳窿」時常搞錯門牌號碼，債務人的鄰居便淪為替罪羔羊。二〇一〇年以前，這類告示牌我在住家附近一個都沒見過，想不到如今已多到令人怵目驚心的地步。

另外，還有一個社會現象值得注意。賭場開張之後，當鋪也如雨後春筍般地在全國拓展開來。當鋪是誰去的？我們知道平常人如果有融資需求，去的是銀行，財務狀況較差的人才會去當鋪。早期電視劇或電影常會出現這樣的橋段，一家人陷入困境了，實在不得已，只好讓女主人拿著自己的首飾、珠寶去典當。她去當鋪的時候，還會被刻薄的老闆言語消遣，或故意在秤上作弊以偷斤減兩。我們看到這裡，差不多都會流下同情的眼淚。

讓我萬萬想不到的是，新加坡的一家當鋪拍了和以上印象完全相反的電視廣告。廣告中有兩個女生，A女和B女。A女正煩惱不知該如何買筆記型電腦給男朋友當生日禮物，她的錢不夠。這時B女獻上一計：「有辦法，去『某某當』！」之後非常親切友善的當鋪職員收下A女典當的珠寶，很有誠意地遞出現金。於是，這個缺錢的女孩終於買下電腦送給男朋友。廣告裡洋溢溫馨之情，人人笑容滿面，男朋友的表情尤其驚喜。最後B女在片尾強調：「『某某當』擁有全國最多的連鎖當鋪為您服務，今天就去『某某當』吧！」這段廣告我已經看過無數遍，每多看一次，我的精神就被撼動一次。「某某當」廣告居然可以如此激勵人心，真是讓我也很想開一間當鋪啊。

「某某當」廣告之一

如果大家覺得剛剛的廣告還不夠感人，同一家當鋪的另一則廣告，則會讓各位徹底癱軟。代言廣告的新加坡電視女藝人黃慧小姐，是這樣開場的：

我們就在「某某當」位於新加坡白沙浮的最新時尚當鋪之一……

等一下，黃小姐，妳用「時尚」來形容當鋪？不理會電視機前的我，黃小姐接著講：

在這個月之內，當您在「某某當」典當，您將能和我們一同行善。每當您典當一千元的貴重物品，「某某當」將捐出十元給體障人士協會……

黃小姐，妳是說我們要和貴當鋪一起行善？這時有一位體障人士協會的代表竄出，說了一段對「某某當」的感謝詞。緊接著是一位疑似來行善的小姐，發表了她的感言：

> 我從來沒有見過當鋪這麼熱心地參與慈善公益活動，這證明了「某某當」與眾不同的創新與愛心。

是啊，我真的是從來沒有見過，包括「某某當」在內。最後代言人再次提醒大家：「快來加入『某某當』的慈善活動吧！」讓我想想，典當和慈善真的不能掛鉤嗎？台灣的彩券可是叫公益彩券耶。看來不能只是開間當鋪而已，我還必須強打慈善功能啊。不過，如果是由我來拍攝這則廣告，我會剪掉稍嫌刺耳的那句話——「我從來沒有見過當鋪這麼熱心地參與慈善公益活動……」

「某某當」廣告之二

二〇一二年六月，「某某當」在廣大當戶的熱烈支持下，成為新加坡有史以來第一家股票公開上市的當鋪。只要新加坡兩家賭場繼續營業下去，我想「某某當」擴張的腳步就不會停下來。不知道李光耀有沒有預料到今日當鋪業的盛況？年事已高而逐漸失去意識的他，恐怕再也無法回答這個問題了。

Chapter 6

才不會有媒體亂象呢！——李光耀精心擘劃的媒體藍圖

我需要媒體鞏固、
而不是削弱學校所灌輸的文化價值觀和社會態度。
大眾傳媒可以營造一種氣氛，
鼓勵人民學習發達國家的知識、技能和紀律。
少了這些，我們根本沒有希望提高人民的生活水平。
—— 李光耀，1971 年

各位在台灣一打開電視，就有一百多個有線頻道可以看，內容說起來是五花八門，其中尤以談話性節目最具特色。不管是討論什麼內容，主持人與來賓往往說得口沫橫飛，外加豐富的表情與動作。這麼激情的表現方式，不禁讓我覺得他們的天分並沒有充分發揮，也許直接投身於戲劇表演會比較適合。而台灣的報紙和雜誌同樣百花齊放，各種稀奇古怪的事情都有可能成為報導內容，但真實性卻令人懷疑。如果說台灣人接收的媒體資訊是質不如量，我想不會有太多人反對。

那麼新加坡的狀況如何？有人說，現在新加坡的媒體環境就跟台灣戒嚴時代一樣的不自由，真的是這樣嗎？如果是真的，新加坡政府是怎麼對待媒體的呢？

在回答一系列的問題之前，讓我先引用一段李光耀的名言。他在一九七一年於赫爾辛基（Helsinki）召開的國際報業協會大會上表示：

我需要媒體鞏固、而不是削弱學校所灌輸的文化價值觀和社會態度。大眾傳媒可以營造一種氣氛，鼓勵人民學習發達國家的知識、技能和紀律。少了這些，我們根本沒有希望提高人民的生活水平。

李光耀總理為什麼專程跑到芬蘭說這段話呢？原來在大會召開的幾個月前，李光耀剛剛對《南洋商報》、《東方太陽報》（*Eastern Sun*）和《新加坡先驅報》（*Singapore Herald*）等三家報社下了重手。華文報《南洋商報》被李光耀指為煽動華文沙文主義，結果有四個工作人員遭到逮捕，包含編輯與記者。兩家英文報《東方太陽報》和《新加坡先驅報》更慘，因「不明外國勢力介入」，直接被政府給關閉了。這些倒楣的媒體人被李光耀整得很不爽，因此跑到國外告洋狀去了。

事實上，除了這三家報社受害，另外有兩件同樣發生在一九七〇年代初期的案例也值得一提。首先是《星期天國家報》（*Sunday*

Nation），它最受讀者歡迎的內容是足球賽報導及國內時事評論。當時報社內有位李瑪麗小姐（Mary Lee，此為譯名）的筆鋒十分犀利，深受編輯上司的喜愛，特別給她大量版面來發揮專長。有一天，該報刊出一篇由她署名的評論文章，對新加坡重視文憑的教育制度好生批評了一番。很不幸的是，李光耀親自讀到了這篇反動的文章，一時大動肝火，隔天就以總理的身分打電話到報社，要求將李小姐掃地出門。她的上司既不想得罪李光耀，卻也不想喪失一個人才，於是將她調去從事編輯工作，不再讓她撰稿。被冷凍的李小姐對新工作並不感興趣，沒多久便辭職並移民國外了。這個例子說明李光耀可以直接干預民營報社的基層人事，聽起來雖然很誇張，但保證沒有下一個誇張。不信你看。

這次撞到李光耀及其手下槍口的，是《新國家報》（*New Nation*）的記者王彼得先生（Peter Ong，此為譯名）。這位王先生有天偶然從《海峽時報》上看到一則小小的分類廣告，內容是徵求馬來西亞人加入新加坡軍隊，以換取新加坡公民權。本來這個公民權並不是很好拿，但當時新加坡剛獨立沒多久，軍隊正值草創時期，政府只好來個公民權的限時大拍賣。王先生發現了小小廣告的新聞價值，因此將它擴充成報紙頭版的一大塊新聞。讓他意想不到的是，新聞見報當天中午，就有兩個便衣警察突然來到報社，把他帶去刑事調查局（Criminal Investigations Department）總部。在偵訊室中，兩名警察一個扮黑臉、一個扮白臉，輪番對他拷問消息來源。王先生覺得十分莫名其妙，他只不過是看分類廣告來寫一篇報導，哪裡有洩漏什麼國家機密呢？如此沒頭沒腦的偵訊，還一直進行到半夜一點鐘才結束。整個過程中，疲勞的王先生連要一杯水喝也不成，更別說是吃個便當了。既然從頭到尾他都說是看廣告寫文章，那走出刑事調查局應該就沒事了吧？

沒事？好戲才正要登場呢！一週後的早上十一點，王先生在報社收到三名公務員親自送來的國民服役通知書。咦？他明明已經當過四年兵，早就退伍了呀？這不重要，反正三個差役當下硬是把他拖去體檢，之後直接送進軍營。在理光頭髮之前，一位校級軍官特別在辦公室裡歡迎他，好聲好氣地說了：「不用擔心，你需要什麼，我們都會給你。」聽起來雖然很溫馨，可惜並不包括打電話通知家屬，也不包括回家探親。此後，王先生便扎扎實實地在野戰部隊多當了兩年兵。請注意——當王先生被抓進去的時候，他才結婚沒多久，家裡還有一個兩個月大的小孩！

當王先生身陷軍營之際，他的上司也沒閒著。在王先生消失了一個星期之後，上司想方設法找到了國防部的一位高階公務員，希望替他說情。結果這位公務員給了非常簡潔的答案：「命令是老頭子（當時的國防部長）簽的。」但也有個好消息，王先生在重新服役期間，報社的薪水可以照領，兵役期滿還能繼續在同一家報社上班，當兵兩年的年資也會算給他。在這麼貼心的安排下，當完兵的王先生真的回去做了幾年；只是最後跟前述的李小姐一樣，他也永遠離開了新加坡。

依法辦理才像話——為平面媒體精心打造法令規章

看到這裡，各位大概覺得李光耀及其手下的爽快作風，跟民國初年某些省分的督軍比較相似。但是各位知道嗎？李光耀總理在從政之前，可是一名律師啊。這位前律師除了在一九七一年親自到赫爾辛基跟全世界的媒體朋友叫陣之外，他其實也好好自我檢討了一番——新加坡怎麼可以沒有專門管理媒體的法律呢？老是用其他不直接相關的法條來對付媒體，這真的是不、像、話！所以，歷時大約三年的精心籌備，李光耀終於在一九七四年推出了新加坡印刷媒體從業人員專用的「報章與印務館法令」（Newspaper and Printing Presses Act）。

法令中有些什麼精彩的特色呢？第一，報社每年必須更新營業執照一次。第二，報社必須是公開上市公司，而所有普通股的股東都得是小股東，持股有一定限制。第三，重點來了——這個法令在報社的股權結構中，硬生生加入了由政府控制的管理股（management shares），其投票權是普通股的兩百倍！換句話說，一般股東對報社營運完全喪失了發言權，以後就是政府說了算。那麼，新加坡政府是怎麼控制管理股的呢？台灣政府不是會委派官股代表人到國營事業去嗎？他們的做法倒也差不多。於是，新加坡政府依法插手報社裡的高階人事布局就十分方便了。你瞧瞧，讀過書的李光耀律師跟一些草包督軍的水平還是不一樣吧？

有了面面俱到的法令，從此就很少發生前述幾則不太文明的事件了。往後，李光耀有事沒事就會叫印刷媒體業高層人士到總統府來個「莒光日教學」，在循循善誘之下，屢次榮獲召見的高層們很快便達到了「心領神會」的程度。怎麼個「心領神會」法呢？比方說，報社總編輯知道有幾個字眼讓李光耀很是忌諱，會主動刪除以下類型的報導——風水，這是迷信，報紙不可以談！味精，這玩意兒對人體有害，報紙不可以講！炒作郵票，這破壞社會風氣，報紙不可以討論！對此稍感吃驚的各位，不用覺得太奇怪。在新加坡，李光耀的個人喜好就是會貫穿到社會的每一個角落。像是新加坡不賣口香糖這回事，正是他老人家一手促成。難道口香糖比起香菸對社會更為有害嗎？可是新加坡到處都買得到香菸啊。總之李光耀不喜歡就是不喜歡，倒也沒什麼大道理可以解釋。

即使李光耀已經頻繁地給主管們當面訓話，這仍然不能阻止他動不動就打電話到報社去罵人。有一天，《新國家報》上出現了一張照片，主題非常簡單，只是一對夫妻加上一大票小孩子的家庭，和樂融融地在一起拍照而已。想不到當天李總理的電話就來了，他對這張照片大發雷霆了一陣，說是破壞了國家剛施行的人口新政策——「兩個孩子恰恰好」（Stop at Two）。之前《新國家報》已經有一位王先生突然被政府抓去當兵了，該不會這次是要抓人去結紮吧？真是嚇死人囉。

這時有人要問了：「新加坡有那麼多的報社和雜誌社，李光耀哪裡有空給每一家輪流訓話呢？」沒有錯，一家一家地訓話的確很浪費時間，所以李光耀慢慢地把它們整併起來。到了一九八四年，全國的報社和雜誌社全歸一家報業集團所有——新加坡報業控股（Singapore Press Holdings）。於是所有紙上新聞都成了新加坡報業控股的「獨家消息」，這樣記者不就輕鬆多了嗎？從這個角度來看，李光耀終究是很關懷媒體朋友的勞動權嘛。

電視台數量少，總理也省心

以上是新加坡平面媒體的發展簡史。那電視媒體呢？這方面相對單純，因為它的起跑點比起十九世紀就出現在新加坡的報紙要晚得多。一九六三年，當「馬來西亞廣播電視新加坡台」（Radio and Television of Malaysia, Singapore）開播時，新加坡全島僅此一家政府直營電視台；拿到一張空白畫布的李光耀總理，也就不用大費周章地整來整去了。兩年後，新加坡脫離馬來西亞，獅城便擁有了屬於自己的電視台——「新加坡廣播電視台」（Radio and Television of Singapore）。之後該電視台經過幾次改組，最終變成了今日新加坡人都很熟悉的「新傳媒」（Mediacorp）電視。

為了繼續鞏固學校傳遞的價值觀，新傳媒電視底下設有英文台、華文台、馬來文台和淡米爾文台，以方便全國人民終身學習。然而政府只把電視台當成一所空中大學來使用，那未免太浪費它的商業價值了。工商業團體總是要下廣告的吧？既然要有廣告時間，如果全部節目都是政令宣導，哪裡能刺激老百姓的購買欲呢？於是，新傳媒電視從善如流，除了從國外購買現成的節目之外，也自製了一些綜藝節目和戲劇節目。

跟購買進口貨相比，自製節目總是比較麻煩。你想想，李光耀是多麼的關心媒體朋友，電視台做起節目來可說是綁手綁腳，最後搞得製作團隊的創意細胞幾乎都死光了。既然自行發想很困難，那不如就用抄的吧！華文台在一九九〇年代的綜藝節目《搞笑行動》，正是其中的代表作。該節目的經典人物「梁婆婆」，完全是台灣「陽婆婆」的翻版，製作人連修改細節的工夫都省了。不用我多說，你看一小段就明白我的意思。

《搞笑行動》裡的梁婆婆

華文台跟著外國腳步做節目的習慣，並不侷限在綜藝領域，包括戲劇領域也是如此，只是模仿的對象換成了香港連續劇。不像自製的綜藝節目老是在山寨別人，新加坡華文連續劇做了二十多年，終於做出了自主品牌，讓我把時間快轉到二〇〇八年給大家瞧瞧。

為了慶祝新傳媒電視四十五週年即將到來，華文台特別花費兩年的時間，動員台內老中青三代大量的演員，製作了共計三十四集的黃金九點檔台慶劇《小娘惹》。所謂的「娘惹」在新馬一帶並不稀奇，是新馬兩地華人與馬來人通婚的女性後代。華文台第一花旦歐萱在劇裡分飾兩角，菊香跟月娘，從頭到尾貫穿全劇。本劇的主題曲〈如燕〉，由新加坡著名歌手王儷婷（Olivia Ong）演唱，歌詞曲調十分優美，一時傳唱於大街小巷。與過往如白開水般的新傳媒連續劇不同，《小娘惹》的劇情可說是高潮迭起。從二〇〇八年十一月末到二〇〇九年一月的播出期間，收視頻創新高；不但在新加坡掀起一股旋風，甚至之後在馬來西亞和中國播出也引起轟動。

《小娘惹》片頭曲

當時我的空檔時間不少，所以我非常完整地收看了第一集到最後一集。我個人的看法是，這股風潮恐怕比較像是一股歪風。怎麼說呢？首先，《小娘惹》的劇情與主題曲〈如燕〉的曲風非常不相稱，它走的是灑狗血路線，說得更直接一點，其實是色情與暴力的港劇路線。劇中的大部分男性粗魯好色，而女性角色則多半兇狠毒辣。性格比較正常一點的角色屈指可數，而且一律是好傻、好天真，一不小心就被其他人給搞得半身不遂，甚至是直接送命了。長久以來參考香港無線電視台（TVB）作品的編劇不但領悟了其中的奧妙，並且達到了青出於藍的超高水平。雖然電視節目有分級，而這時段通常被列為輔導級，「建議家長陪同孩童觀賞」；但收看全劇完畢的我，要給各位家長一個良心的勸告——不但不要陪同孩童觀看，大人也不要看！

事實上，這一齣從國內紅到國外的電視劇成了一座分水嶺。由於新傳媒在此劇上大獲成功，此後，色情與暴力元素在多檔連續劇中大幅上升；因此《意難忘》或《風水世家》之類的台灣進口貨在新加坡就再也不能獨霸天下了。這正是成功的「產業升級」。

網民的逆襲

說完了平面和電視媒體，再來講講網路媒體吧。網路在新加坡絕對是個新鮮的事物，新鮮到愛管東管西的李光耀都不知該從何管起了。從媒體對他的訪談紀錄看來，雖然他宣稱自己對網路也很了解，但他的了解只停留在上網搜尋資料而已。部落格是什麼？胡說八道！臉書？推特（twitter）？那是什麼鬼東西？在一九二三年出生的李光耀眼中，網路世界就是這麼回事。自網路普及二十多年來，在傳統媒體裡橫行無阻的李光耀與其徒子徒孫，有很長一段時間並不打算理睬「網民」（netizen）這一群看不見也摸不著的傢伙。

不過你不理他們，不代表他們不會來理你。新加坡有不少部落客就一直在跟政府唱反調，在這裡我舉兩個例子。

第一位是以「打哈欠的麵包」（yawning bread）部落格聞名的區偉鵬。區先生關注的方向很多元，其中比較引人注目的是客工與同性戀課題。客工在新加坡拿的是非移民准證，因而被中小企業老闆欺壓是很普遍的情形，只是報紙和電視不報而已。傳統媒體不報，沒關係，區偉鵬來報。至於同性戀族群，新加坡目前仍沿用英國殖民時期的法條來「管理」他們。刑法第377A條規定，禁止男性與男性親密接觸，違者處以坐牢或罰款（或兩者兼有）；而且這是公訴罪。通常女性對男女不平權的現象會感到不滿，但是在這方面，新加坡法律倒是給女性很大的自由度——刑法第377A條根本沒在管女同性戀嘛。由以上可知，同性戀族群被新加坡社會邊緣化已久，但報紙和電視仍然選擇視而不見——但沒關係，區偉鵬來報。

另一位則是以「心真相」（The Heart Truths）部落格走紅的鄞義林。鄞先生的年紀比區先生小了一截，出道時間也晚了幾年，但火力卻毫不遜色。跟主打社會議題的區先生不同，年輕氣盛的鄞先生是直接跟政府槓上了。在他的部落格文章裡，新加坡人到老都很難提領出來的公積金，似乎是他最關切的部分；而這可稱不上是什麼柔軟的社會議題了。關於新加坡人上了年紀以後「錢不夠用」的殘酷事實，傳統媒體用很多心理輔導式的話術來安慰大家；但鄞先生不買帳，在部落格上連篇累牘地打臉政府，短時間內便打出了名氣。

被部落客騷擾了好一陣子，政府終於從不理不睬轉為正面迎擊了。

二〇一三年十一月，新加坡現任總理李顯龍在公開場合說：

對生活滿意的人沒有時間上網，不快樂的人才有空去上網。

而一位四十出頭的年輕部長，在李顯龍發言的兩週後補充說明道：

我們不可以讓出言論的主導權，不論是在實體還是網路空間。我們要像前輩一樣，要將我們的信息傳達到街道上的每一個角落、網路上的每一個角落……我們必須在有需要的每一個地方開戰。

從這些話就知道，政府是要開始對網路上那些嗡嗡亂叫的蒼蠅和蚊子展開「一清專案」大掃蕩了。

二〇一四年，先是區偉鵬因為對一宗同性戀性交的法庭判決有不少意見，而遭檢察官提起公訴，罪名是「藐視法庭」；後來是鄞義林因為影射政府貪污公積金，而被李顯龍總理本人告以「誹謗」罪。至本書截稿為止，這兩個案子都還沒完全結束，但從過往政府告人的紀錄來看，被告的勝算是零，他們只能準備付出高額罰款了。

即使沒有勝算，面對政府排山倒海而來的壓力，屬於網路世代的鄞義林卻發揮了驚人的創意。為了跟李顯龍打官司，他利用群眾募資（crowd funding）的管道，居然一週左右就從一群陌生人手中募得了八萬多新元。這下子，李顯龍可是誤打誤撞地把鄞先生的人氣給推得更高了。看到這種尷尬的場面，恐怕連李顯龍本人也會有點困惑。李光耀管理傳統媒體的成功模式，還能繼續套用在網路上嗎？我想李顯龍不如去問剛和網民糾纏了快一年的連勝文吧，或許連先生的實戰心得能給他不少啟示呢。

Chapter 7
白色的力量
——人民行動黨的萬年執政

「集選區」是單一選區內，政黨推出好幾位候選人為一個組合來參選，要嘛全上，要嘛全部落選。你想也知道，集選區顯然對大黨有利。執政黨的組合裡除了一般議員，還經常放進一、兩個內閣部長；與反對黨的純素人組合相比，可說是天壤之別。

這樣天才的制度，當然只有李光耀發明得出來。

白色的力量，在台灣讓人聯想到的，絕對是新任台北市長柯文哲。他宣稱要以無黨籍的身分，推倒統獨、省籍、階級、種族、藍綠對立等樹立台灣多年的高牆。如此崇高的理想目標能否達到，各位可以在他的任期內仔細檢驗。在新加坡，同樣也有白色的力量，但讓人聯想到的就不是什麼政治素人了，而是新加坡的人民行動黨（以下簡稱行動黨或執政黨）。

行動黨從一九五九年執政至今，已經超過六十個年頭，稱之為萬年執政黨毫不為過。行動黨黨員在公開場合常穿著一身象徵廉潔的純白衣服，於是白色便成了該黨的代表色。除了白色制服，行動黨讓人印象最深的標記，應該是黨徽上的一道閃電。快、狠、準，不只是行動黨黨徽所傳達的訊息，更是創黨人

人民行動黨的黨徽

之一李光耀其從政風格的最佳體現。

兩個李光耀同學

說起李光耀，我早在一九八八年就認識他了，不是普通的認識，而是天天在一起。啊？真的假的？當然是真的。

話說我在讀台北市立南門國中一年級的時候，剛到學校的第一天，級任老師簡略自我介紹後便開始點名。老師逐一點了好幾位同學，沒想到突然點出了一位「李光耀」。此時同學們精神一振，目光全集中到「李光耀」的身上。老師想笑又不敢笑地問：「你真的是『李光耀』嗎？」臉色白裡透紅的「李光耀」同學很無奈地點頭了。下課後，有些同學還不信，要看他怎麼寫自己的名字，想不到的確是同名同姓。往後三年，我們有事沒事就喊他「總理」，跟他要簽名照之類的東西，他也只好一直笑嘻嘻地冒名頂替下去了。這就是我認識的「李光耀」。

如果說國中同學「李光耀」算是糊弄大家的話，接下來的同學關係可就沒那麼含糊了。我在新加坡教育學院受訓的時候，有一位教語法的老師，名為周清海。我過去就曾聽說，李光耀有一位長期的華文老師周清海，莫非此「周」即是彼「周」？於是我到網路上搜尋，很幸運的是，教育學院課堂上那位個頭不高、和藹可親的周教授，正是星期六下午被李光耀請到總統府的補習老師周清海。在所有教育學院的老師裡，周老師的教學算是最突出了，許多年輕講師都沒辦法像他講得那樣好。只是我有一個疑問：有這麼優秀的老師助陣，為什麼李光耀學了幾十年的華語，卻始終講得不算流利？大家可以對照一下台灣的宋楚瑜和馬英九，原本不諳台語的他們為了選舉，沒多久就能把台語學得似模似樣，在選舉場上活用自如。李光耀同學，你已經跟周老師學很久了啦，我都不好意思講你了。

跟笑臉迎人的國中同學「李光耀」不同，我小時候從電視上看到的李光耀，每次都是兇巴巴的樣子；跟蔣經國一比，落差特別大。和我一樣是六年級的朋友就知道，即使私底下做過一些見不得人的事，蔣經國一向保持著親民愛民的形象。我還記得身穿夾克的他在民間巡視，隨手就抱起路人的小孩，神情輕鬆、自然而不做作的樣子。同樣是大權一把抓的人物，為什麼這位常來台灣找蔣總統的李光耀，非要擺一張臭臉不可？是不是家裡有什麼不愉快呢？身為一個中學生的我並不是很明白。

直到後來移居新加坡，我才慢慢發現李光耀的不同面貌。新加坡在一九六五年獨立的時候，由於是被馬來西亞「驅逐出境」，當時一心支持新加坡併入馬來西亞的李光耀總理，很難堪地為被迫獨立這件事開了一場記者會。在這場記者會中，李光耀講沒幾句就停下來，接著帶著眼淚和鼻涕，斷斷續續地把他的想法講完。李光耀可以如此感性的表達自己的政治理念，這是新加坡唯一強人的真面目嗎？為什麼我在台灣從來沒有看過呢？

李光耀宣布新加坡獨立之記者會

李總理還有充滿個人魅力的另一面。新加坡在一九八〇年曾經發生過一次新加坡航空公司機師罷工事件。李光耀一得知消息，立即以鐵腕介入。總之是一句話——不想上班的就不用再來了。此事很快宣告平息。不論這種做法的爭議性如何，他在當年的大選主動以此為題材，在競選演說中講了好一段。你不一定聽得懂他在說什麼，但他的表情和手勢告訴我們一件事：李總理不只是作風強悍而已，他也是個現場演講的大高手。現在TED演講很流行，假如給他來個限時十八分鐘的表演機會，其線上點閱數應該會名列前茅。李總理講到一半居然還一抹鼻子，這不正是李小龍的招牌動作嗎？看來他可能對精武門陳真的謎蹤拳頗有心得，難怪所有政治對手只能倒地不起了。

李光耀在一九八〇年的競選演說

李光耀式的民主

李光耀最為人熟知的，是他兇狠的一面。到底有多兇狠？只有當事人可以告訴你。有一次經友人介紹，我到一位前政治犯的家裡作客。陳仁貴先生，年約七十，身形稍顯矮胖，因患有青光眼而眼力不佳，是一名資深律師。我與笑咪咪的他初次見面時，剛一握手，他的面部就抽動了一下。怎麼回事？原來他在一九六〇年代曾經以反對黨「社會主義陣線」的身分參選國會議員，之後被政府貼上共產黨同路人的標籤而遭逮捕。他在牢裡被獄卒刑求，屈打成招後在手上留下了終身殘疾。所以和他握手不能出力，摸一下就可以了。我不清楚他以前到底是不是共產黨，但可以確定的是，如果我是他，絕對不敢跟李光耀這種狠角色打對台。好好一個人被打成這樣，真是太恐怖啦。

陳仁貴先生年輕時所處的一九六〇年代，即是新馬合併而後又分家的關鍵年代。我們知道李光耀是為了分家而哭，從記者會影片上看來，多少有點可憐兮兮的感覺。但我們更該看看在分家三年前的一九六二年，一心求合併的李光耀是如何設定公民投票的題目。大家看仔細了：

- 選項一，我支持合併，新加坡應根據一九六一年發表之議院文件第三十三號白皮書所開列的建議，獲得勞工、教育及其他議定事項的自主權，同時新加坡公民將自動成為馬來西亞公民。
- 選項二，我支持全部及無條件的合併，新加坡應以一州的地位，根據馬來亞聯合邦的憲法文件，與其他十一州在平等的基礎上進行合併。

● 選項三，我支持新加坡加入馬來西亞，條件應不遜於婆羅洲地區所獲得者。

不熟悉新馬一帶的相關地理知識不要緊，你總會發覺公投少了一個必要選項，那就是維持新加坡的獨立現狀。不管我選一、二或是三，結果都一樣是合併，那還需要投票嗎？由此我們大概可以知道李光耀是怎麼看待民主這回事了。以我一個外人看來，陳仁貴先生當時所屬的「社會主義陣線」，從新馬合併前到分家後一直反對李光耀式的合併。或許他們追尋的，只不過是一種很卑微的程序正義吧。各位覺得呢？

李光耀與他的夥伴們

無論如何，一九六五年之後很多年的新加坡，在李光耀的主導下成了行動黨的專屬舞台。我在此章開篇時有提到，李光耀是創黨人之一、而不是唯一創黨人，因此在建國初期的十幾年，集體領導的特色十分明顯。雖然李光耀是黨政最高領導人，但與他同輩的一批部長和國會議員，在很多事情都說得上話。例如在經濟方面，李光耀極為倚重的是吳慶瑞博士。不要看吳慶瑞五短身材，他可相當於新加坡的李國鼎。李國鼎在台灣最為人所知的，是打下新竹科學園區的基礎，吳慶瑞則有過之而無不及，新加坡目前工商業的基本框架幾乎由他一手擬定。如果說他就像李光耀的大腦，這應該是很貼切的比喻。後來中國搞改革開放，鄧小平還請他去當顧問呢。此外，新加坡的國防也是吳慶瑞從無到有創建起來的。順便告訴大家，第6章裡那位親自下了條子，讓記者王彼得被拉去當兵的國防部長，正是吳慶瑞。與吳慶瑞同輩的部長尚有多位，在各領域都做出了卓越的貢獻，這充分體現了李光耀知人善任的一面。一九六五年到一九八〇年代初期，可以說是新加坡最朝氣蓬勃的一段時間。

然而進入了一九七〇年代末期，李光耀與他的夥伴們在政府裡已經待了差不多二十年，他們當中有許多人自一九五九年起就是國會議員了，大家多多少少都露出了疲態。以台灣近年來在同一職務上做得最久的台中市長胡志強為例，雖然形象與口碑維持得不錯，但他畢竟連任了十三年，這對普遍喜新厭舊的選民而言，確實看得有些膩了。當然老胡最近的落選跟馬總統的聲勢大不如前，也是脫不了關係的。新加坡第一代領導人到了此時，同樣面臨了類似的問題。

那麼，李光耀提出的對策是什麼呢？答案是「領導層自我更新」。找一批年輕十幾歲的新人，逐漸汰換第一代領導人。當他開始勸退同輩的時候，有的人本來就身體欠佳，巴不得早點告老還鄉。但有些人身體可好得很，完全沒想過要退；而這樣的例子並不少。他們發覺事有蹊蹺了，怎麼總是李光耀在勸別人讓出位置？那他呢？他們這麼一質疑，李光耀更是急著把他們給送走，最終真的清得一個也不剩，除了他自己以外。最後有些老同志氣得在公開場合跟他對嗆，這一點在李光耀的回憶錄中也有提到。雖然他低調地解釋了這一段，說是有些尷尬——哎呦，豈止是有些尷尬而已呢。

當李光耀大力對老同志進行「領導層自我更新」的同時，很巧的是，他的長子李顯龍年僅三十歲出頭就被更新進來了。不過新加坡總是個民主國家嘛，李光耀既然和蔣經國過從甚密，想必也從小蔣那裡學到了不少。在台灣，老蔣過世的時候，接任的可不是小蔣，而是副總統嚴家淦。嚴總統把老蔣剩下的任期做完了，才主動讓給小蔣競選下一任總統。連蔣介石都忌諱別人說他搞「父死子繼」這一套，你說李光耀能給自己挖個陷阱跳下去嗎？於是李光耀很費心地找了幾個與他沒有沾親帶故的接班候選人，在一九九〇年依黨內民主程序交棒給其中一位，這正是新加坡的第二任總理吳作棟。

退而不休的李資政

李光耀在一九五九年坐上總理大位之時，年僅三十五歲。經過了三十一年的歷練，他在黨內和黨外已經沒有任何對手。六十六歲的他，會就此收山嗎？

從他無縫接軌到「總理公署高級部長」（Senior Minister）這個職位來看，恐怕是沒有這個打算了。有了這樣一個新頭銜，他就可以堂而皇之地退而不休了。「總理公署高級部長」在一九九七年更名為「內閣資政」，更為世人所熟知的「李資政」便是由此而來。吳作棟總理在任期間，李資政可以說是如影隨形，有時讓大家幾乎忘了吳總理的存在。不過既然吳作棟一直表示有李資政的內閣很溫馨，李資政也只好繼續當仁不讓了。

在吳作棟就任總理之後，第二度的「領導層自我更新」展開了，又是一批新人換下了舊人。由於這一輪被更新掉的都是李光耀的晚輩，自然沒人敢跟他亂吼亂叫一通了。「領導層自我更新」到二〇〇四年，終於更新到了吳總理本人。你看，李顯龍已經五十幾歲了耶，這次該輪到吳總理讓賢囉。於是李顯龍依黨內民主程序，正式接任新加坡第三任總理，也就是現任總理。吳作棟則升格為資政。你看李資政做事如此深謀遠慮，誰還敢說這是什麼「父死子繼」呢？然而，斯斯感冒藥有兩種，資政也有兩種。李光耀繼續做他的「內閣資政」，英文名稱升級為「Minister Mentor」，說得白話點，便是給內閣部長們當「保母」；而吳作棟被分配到的，是工作內容聽起來有點模糊的「國務資政」，英文名稱則是李光耀用到不想再用的「Senior Minister」。至於那些老早就被李光耀請出去的同輩們呢？有一位在最近一陣子忍不住說了：「我退休已經過了二十多年，可是李光耀到現在還沒退下來！」看來這種只更新別人而不更新自己的做法，真是難以服眾啊。

新加坡人這樣選舉

我搬來新加坡的二〇〇四年，恰巧是現任總理李顯龍就職的那一年。二〇〇四年和二〇〇五年，全國關注的焦點大部分集中在綜合娛樂城上。此時的我忙著從工程界轉戰教育界，對外頭的紛紛擾擾不是很注意。畢竟我自己都還在適應期，哪裡管得了那麼多呢？

到了二〇〇六年，我在政府小學已經做滿一年，也拿到了教育學院的入學通知，一顆懸著的心算是定了下來。我終於有時間看看工作場合以外的環境了。就在同年五月，新加坡迎來了新一屆的國會大選。和台灣很不一樣的是，投票前的新加坡並沒有什麼選舉的氣氛。這是怎麼回事？在台灣，以二〇〇〇年總統大選為例，三組候選人在選前一年就開始在基層頻繁走動。選舉罷免法規定的選舉活動期間，總統是最長的了——也不過是二十八天。但是有沒有人在管呢？大家很清楚，所有的候選人一直在搞「試營運」。在新加坡這裡，你只有在法定的競選期間那幾天，才會看到有關選舉的新聞。是不是都沒有人「偷跑」呢？執政黨每天都合法占住電視、廣播、報紙，有什麼需要偷跑的？至於幾個反對黨，據說在私底下是動作頻頻，只是媒體不報而已。

1 競選造勢活動

我跟著太太去了一場競選造勢晚會。之前聽說執政黨的場子一向非常無聊，所以我就先去某反對黨的晚會看看囉。到了現場，人數約在兩、三千人之間，候選人輪番上台講話。大約聽了二十分鐘，我就感到很沉悶了。為什麼呢？大家知道，台灣的選舉幾乎年年有，這讓大部分候選人的舞台表演能力非常強，越靠近中央級的選舉越是這麼回事。以陳水扁前總統為例，不論是喜歡或不喜歡他的人，都會承認他一拿到麥克風就會生龍活虎起來。如果選舉界有世界通用的文憑，我想台灣的平均水準最起碼在碩士以上，而陳前總統則應該有兩個博士學位。

在新加坡這邊，我聽到的第一位候選人，講話節奏斷斷續續，好像平常沒什麼公開發言的機會；再多聽一位，講得很激動，但沒什麼感染力，讓人覺得只是個純粹愛抱怨執政黨很爛的素人。根據我粗略的估計，他們在選舉方面的經驗，大概是小學程度左右。雖然如此，我發現在場聽眾的反應還算不錯。假如我和新加坡人一樣，每四到五年碰到大選才能聽十天左右的反對黨公開演講，我可能也會覺得很精彩吧。

2 奧妙無窮的「集選區制」

聽了這麼一場演講，習慣重口味選舉的我對其他晚會完全失去了興趣，反倒是對新加坡特殊的選舉方式比較好奇。新加坡大部分的選區叫「集選區」，少部分叫「單選區」。顧名思義，集選區是在一個選區內，政黨推出好幾個候選人為一個組合來參選，要嘛全上，要嘛全部落選；聽起來有點像是台灣單一選區兩票制的擴張版，只是沒有政黨票而已。單選區就比較簡單，政黨只推一個候選人來競選。

你想也知道，集選區制度顯然對大黨有利。執政黨的組合裡除了一般議員之外，還經常放進一、兩個內閣部長；與反對黨的純素人組合相比，可說是天壤之別。這樣天才的制度，當然只有李光耀發明得出來。

這造成的直接後果是，許多集選區只有執政黨派得出一整組人，反對黨直接棄械投降。在台灣的古早年代，國民大會選總統的時候，往往只有蔣某某一人參選，這叫同額競選。即使如此，總是要經過投票，搞出一個差不多九九％得票率的象徵數字，才算走完程序。而新加坡連這個表面工夫也懶得做了，直接「不戰而勝」（walkover）。假如執政黨在某集選區進行候選人登記的時候沒別組過來，選舉局就立刻宣布當選，免除了競選的苦差事。這下可好，因此不少執政黨議員從踏入政壇到退休，從來沒有競選過！

台灣人對新加坡的政治制度可能不大熟悉，不明白為什麼執政黨在一個集選區裡既有議員，又有部長。台灣原則上是偏向總統制的雙首長制，總統選上之後自行決定內閣人選，立法院無權過問。新加坡是內閣制，總理及其內閣是由多數黨議員互推產生。從制度的合理性來看，內閣制應當是優於總統制。每一位內閣制的部長都要先經過基層民意的考驗，才有機會更上一層樓。而一次國會選舉就可以搞定下至議員、上至總理的所有位置，這樣的制度顯然也比總統制裡總統、國會各選各的要來得簡便。從實務上來看，新加坡選舉的低成本確實是個優點。而所有議員，包括內閣部長，每週接見選民的工作可是相當繁重，所以即使有「不戰而勝」的現象，要說執政黨議員碰不到老百姓，那也是不符合事實的。

3 緩慢的開票流程

在我研究新加坡選舉制度的同時，競選活動在不知不覺間結束了。開票當晚，我在太太娘家過夜。與沒有投票權的我不同，從晚間八點投票站關閉之後，身為公民的他們顯得很興奮。

當計票作業正在進行時，電視不斷重播從早上一直放到晚上的舊聞。無論是幾個知名候選人在哪個投票站投票，或是競選活動的片段整理，我看到第三遍就感到很疲勞了。直到晚上十點多，我發現一個很重要的新聞元素始終沒有出現，那就是媒體的預估票數。在台灣，投票時間結束後，投票所即刻轉換為開票所，選務人員便開始計票。不到一小時，就可以算完一千多票，之後呈報到中央選舉委員會（中選會）。在這個過程中，台灣的電視台記者幾乎無時差地將結果通知給自家總部，於是台灣人會在晚上六點前後開始看到全國各地候選人的預估票數。到了七點多，除了少數選情渾沌的地區，差不多大部分地區的結果即會非正式出爐，票數領先的候選人也會提前宣布當選，十點以後的中選會正式公告反而沒有什麼人在注意。

那麼新加坡呢？為什麼電視只能重播？原來各投票所只有投票的功能，計票工作則是集中到各地區的大型計票中心，最後再由選舉局彙整票數並公告當選人。這個過程中，政府掌控下的媒體完全是被動地等待最後定案的結果，因此重播成為唯一的選擇。在漫長的等待後，午夜十二點左右，選舉局官員終於公布了第一個單選區的個別候選人得票數以及當選人。毫無意外地，執政黨的候選人高票當選了。此時我已經昏睡過去，然而屋內的眾公民們仍守候在電視機前，期待著其餘二十多個選區裡能出現一些政治板塊的移動。

隔天早上起床後，我才知道他們一直看到最後一個當選人公告為止，那已經是清晨三點多。二〇〇六年的全國大選到此告一段落，跟上一屆二〇〇一年的結果可說是完全一樣。執政黨拿下八十幾席，反對黨維持在兩席。盯著電視螢幕到凌晨卻等到五年如一日的答案，這真是讓人覺得非常沒意思。什麼叫重播？這就是重播！

各位要是覺得這樣很無聊，不妨倒帶看看。你會發現二〇〇一年、一九九七年執政黨對反對黨的席次，同樣是這麼懸殊的比例。再往前倒推三十年，還是如此，甚至有幾屆的反對黨席次是掛蛋。新加坡的政治氣氛不只是無聊，可以說是令人窒息了。然而從二〇〇六年選票的分布來看，我們會發現一個有趣的事實。有反對黨競逐的選區，也就是執政黨無法「不戰而勝」的選區，反對黨大概都能拿下三成以上的選票，少數甚至超過四成，所以支持反對黨的選民絕不是可以忽略不計的一群人。而從全國來看，執政黨的得票率僅有六六％左右，這能否與他們幾乎是全壘打的席次相匹配？我相信很多人會有所質疑。其他不屬意執政黨的三成民意，他們的聲音又為什麼在國會裡微弱到讓人很難聽見呢？四十幾年凝結的政治板塊會永遠這麼持續下去嗎？雖然這一切與我這個永久居民並不直接相關，不過內行的看門道，外行的看熱鬧，我看看熱鬧總可以吧？

4 選票上的編號與強制投票

從這次選舉我知道了一件事——新加坡的每張選票上都有編號，就像鈔票一樣。然而鈔票上沒有名字，新加坡的選票卻是一個編號對應一個人。針對這一點，選舉局在官方網站上有說明，其目的是為了防止灌票和冒充他人投票的不法行為。不過很多新加坡人都相信一個傳言——政府可以追蹤到每一個人的投票行為。假設真是如此，這份私密資訊給政府拿到手，那用途可多了。如果有人要申請當公務員，政府是不是可以用他的投票紀錄來檢查他的忠誠度啊？他要是在選舉的時候亂投一通，那還想從事公職嗎？然而這個眾人言之鑿鑿的傳言，事實上就是個傳言而已。從選舉局在選前保存選票到選後銷毀的階段，整個過程十分公開透明，反對黨完全可以派人監看。何況給選票編號並非新加坡獨有的做法，英國的各級選舉也有採用。

或許，編號本身不是重點，它給選民的暗示才是關鍵。在民間的傳說始終沒有消失的情況下，執政黨不必真的將選民手上的一票挪作他用，僅僅用一種心理壓力就讓人覺得有被窺視的感覺，這是「不戰而屈人之兵」啊。所以一直以來，反對黨比執政黨更強調選票的祕密性，這就沒什麼好奇怪的了。有興趣的朋友，可以再參考新加坡的一個人權組織MARUAH拍攝的短片。除了強調政府不會拿選票做別的事情之外，許多代言人都提到一個共同經驗：拜「不戰而勝」制度之賜，他們有很多年沒機會投票，有一位甚至到了四十二歲才得到第一張選票！當他講起此事，笑得真是相當不自然啊。

MARUAH的宣導短片

另外，新加坡選舉是強制性的。什麼意思？聽起來好有壓力。簡單來講，新加坡選民只要在選舉局登記過，以後的每次選舉都必須投票，除了所謂「不戰而勝」的情況。只要有一次沒投，選舉局就會取消你的投票資格。以後要想恢復，還得花一筆錢「贖回來」。如果我是公民，一旦被取消投票資格大概就會放著不管了。反正不管有投沒投，結果不都是一樣嘛。

李顯龍的真正考驗——「跛腳馬」越獄事件

二〇〇六年的大選，也是李顯龍接任總理以來的第一場考驗，就在執政黨的勝利歡呼中結束了。前兩年在民間爭論不休的賭場課題，在二〇〇五年定案之後，並沒有成為這次選舉的主軸。我原本預期反對黨會在此事大做文章，但他們採取的是一種亂槍打鳥式的攻擊戰術，猶如拳頭打在一團棉花上，實在是缺乏焦點。或許反對黨本身的表現，比起他們提出的議題更讓人關注。不知為何，在選舉的短短幾天內，幾個反對黨便發生了程度大小不一的內訌。除了媒體很樂於見縫插針之外，執政黨也不時出言訕笑反對黨的素質低落。連黨內都擺不平，還想跟行動黨較量？大家要知道，自建國以來，在李光耀的鐵腕之下，執政黨內可從來沒有什麼違紀參選或帶隊出走的事情啊。看到雙方力量懸殊的對比，撇開個人好惡與歷史因素不談，我個人覺得新加坡人真的是沒有太多的選擇。二〇〇六年的幾個反對黨，根本是一群不爭氣的散兵遊勇而已。

大選之後，老百姓們該上班的上班，該上學的上學，又回歸到平靜而單調的生活裡。政府忙著推動兩個綜合娛樂城的建設，而反對黨們則繼續有一搭沒一搭的內鬥戲碼。在幾百個令人打瞌睡的日子之後，新加坡爆發了一次震驚社會的恐怖分子越獄事件。二〇〇八年二月十七日，綽號為「跛腳馬」的馬士・沙拉末（Mas Selamat）從門禁森嚴的看守所逃脫了！他是著名的回教激進分子，曾策劃了幾次流產的恐怖攻擊計畫，其目標也包括新加坡。印尼和新加坡警方都關押過他，而「跛腳馬」這外號來自他早期在印尼的一次越獄。當他跳牆出去的時候，不慎摔斷了一條腿，從此留下殘疾。印尼警察把他逮回之後，因為他是新加坡人，最終還是將他引渡到獅城來。但就在二月十七日下午四點多，藉上廁所之便，他逃離了數名守衛的眼線，一舉突破了看守所的重重障礙，最終翻牆而去，不知所終。媒體在事件發生後四個小時才公開這個消息，引發一片譁然。看守所裡少說也有幾十個荷槍實彈且雙腳健步如飛的守衛，他們在幹什麼吃的？四個小時後才讓大眾知道，所有人不都可能被「跛腳馬」給綁架嗎？

新加坡人在這方面大概沒什麼經驗，但白曉燕案發生的時候，我人在台灣啊。一九九七年，已經把人質撕票的三個通緝犯在台灣北部地區攜械流竄將近四個月，才一一被警方擊斃或歸案。那幾個月風聲鶴唳，沒事我會盡量避免出門。如果當時台灣警方基於任何理由，對群眾封鎖三個通緝犯的消息，不要說是四個小時了，就算是一個小時，也絕對是置百姓安危於不顧。拜託，新加坡只有兩個台北市那麼大，很容易碰到「跛腳馬」耶！我明白新加坡政府一向神祕兮兮，其理論基礎不外乎是孔子的那句話：「民可使由之，不可使知之。」白話就是政府對老百姓呢，任何事情叫他們做就是了，不必讓他們知道為什麼。平常是無所謂，但恐怖分子越獄根本不是一般事件，豈能按普通程序辦理？我不由得對新加坡政府處理此事的手法感到冷汗直流。而一般新加坡人恐怕也相當不好受，誰喜歡恐怖分子或通緝犯滿街跑的時候，自己被蒙在鼓裡呢？

既然「跛腳馬」已經在看守所外趴趴走，新加坡的軍警們只好展開鋪天蓋地的全島大搜索。與此同時，各個出入境的關卡提升至最高警戒水平，以盤查來往旅客。隨後將近有一個月，政府到處張貼「跛腳馬」的照片，所有媒體輪番播報其可能動向，而幾大電信公司也主動發送相關簡訊給所有用戶。官府的目標只有一個，那就是告訴大家，誰敢窩藏要犯，一律連坐處分。在動員全社會的地毯式搜索之下，「跛腳馬」依然音訊全無，可是殃及無辜的效應卻出現了。持續多日在邊境的嚴密檢查，搞得每日進出新加坡、馬來西亞的大量通勤族怨聲載道。馬來族同胞則更是倒楣，時不時被華族同胞誤認為同是馬來族的通緝要犯，遭到莫名其妙的檢舉。

政府眼見師老兵疲，逐漸將動員水平降低，在媒體方面也慢慢放出消息暗示人民，「跛腳馬」應該已經不在境內。真的跑出去了嗎？具體證據呢？反正在新加坡找不到，所以肯定在國外啦，哪裡還需要證據？好吧，那他到底跑到哪裡去了？在各媒體淡化報導的一個月後，似乎就沒有人關心了。

即使他是人間蒸發好了，政府也該找人出來負責吧？關於這一點，政府組織了一個調查委員會，花了將近兩個月，找出了「跛腳馬」逃脫的原因。簡單來說，看守所的螺絲鬆了。不只是守衛態度鬆散，圍欄的安全等級也不夠。調查報告既然出爐，是時候找人算帳了。看到這裡，我們很容易又聯想到白曉燕命案。在三個通緝犯亡命天涯的時候，數萬人在總統府前廣場集會抗議，要求行政院長連戰下台。群眾喊得不夠，當晚甚至用綠色雷射光投射「下台」等字樣在總統府中央高塔的正面。幾經周折，最後主管治安的內政部長林豐正引咎辭職。

那新加坡政府會怎麼處置呢？首先，到所有政府機關前面集會遊行是犯法的喔，你還想搞雷射光咧。其次，處分層級從看守所守衛到所長為止。那麼內政部長黃根成呢？不如我們先來了解一下黃部長好了。他生於一九四〇年代，同時兼任新加坡副總理，可以說是位極人臣。針對恐怖分子逃獄成功的糗事，總理李顯龍決定在國會親自為黃部長保駕護航，結果當然是輕鬆過關。

李總理的邏輯是這樣的，內政部長有直接製造機會放「跛腳馬」脫逃嗎？既然沒有，那就跟部長沒有關係。嗯，照總理的說法，我來試著推而廣之好了。假設「跛腳馬」今天不只是越獄，而是跟白案三嫌犯一樣，到處挾持無辜百姓長達數個月導致諸多傷亡，那麼主管治安的內政部長有沒有責任呢？總理應該也會說沒有。你看，內政部長有直接製造機會讓「跛腳馬」挾持並傷害老百姓嗎？沒有嘛，那為什麼要辭職呢？這就是行動黨政府官員們非常特殊的邏輯。

在大家快要遺忘「跛腳馬」的一年後，二〇〇九年五月，馬來西亞警方在其境內的一個小鎮抓到了他。雖然是假他人之手，依然在任的內政部長黃根成還是很高興地召開記者會，向新加坡國民宣布了以上消息。記者會上，黃部長又多透露了一件事：這傢伙是從新加坡的北海岸下水，身懷不明充氣物體而一口氣漂去馬來西亞的。無論如何，所有人應該都可以放心了。隔年年尾，「跛腳馬」被引渡回新加坡。黃部長約莫在同時榮譽地卸下職位，專心地做他的副總理去了。接著新任內政部長在國會就此事做了最後一次公開發言。很奇怪的是，新部長推翻了前部長的說法：「我們每次問『跛腳馬』是怎麼出境的，他的講法都不一樣，所以我們也搞不懂哪一個版本是真的。」此後，不再有人去追問「跛腳馬」越獄案的相關細節。本案於是徹底成為一樁說不清、道不明的羅生門事件。套用一句連戰先生愛用的成語，實在是「疑雲重重」……

時間過得很快，到了二〇一一年，眼看著下一次的大選就要到了。新加坡國會議員的任期是五年，但是政府有權力在五年以內任何時間主動解散國會，以舉行全國大選。從過往經驗來看，執政黨都會選擇對自己最有利的時機，而不是被動地等待五年期滿。這一點跟台灣不太一樣，台灣總統理論上雖然也可以解散國會，但是在實務上從來沒這麼做過。我猜想是台灣選舉的成本太高，民意代表們總是需要一些時間來回收「投資本金」吧。

政府在二月藉財政預算案發放了與過去幾年十分不同的「特大號」政策紅包之後，果然五月我們就迎來了大選。跟上次一樣，我還是對造勢現場的演講興趣缺缺。不過我注意到幾個反對黨的動作明顯加大，他們幾乎在所有選區都有參選人，除了李光耀本人坐鎮的集選區以外。某些選區甚至傳出有兩個以上的反對黨來競逐，這真是很不尋常的現象。事實上，二〇一一年大選成了新加坡政治的里程碑，今後再也不是白色力量主導一切的時代了。

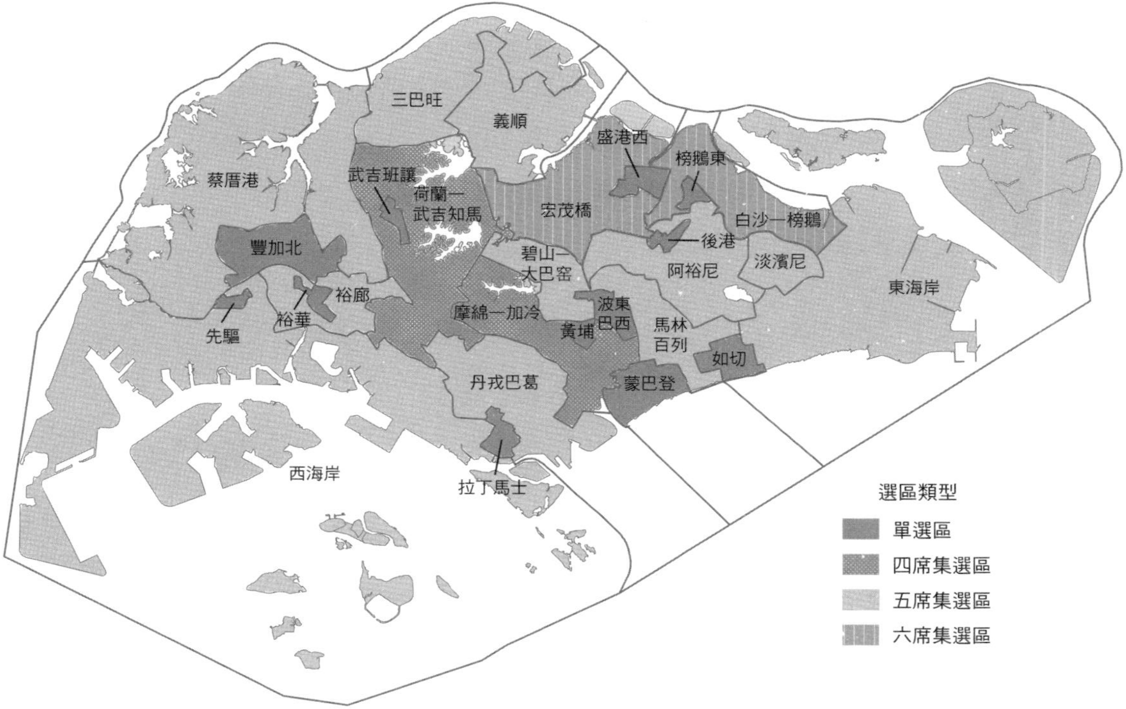

2011年新加坡國會大選選區劃分圖

Chapter 8

藍白大對決
——在野勢力工人黨的崛起

輸掉一個集選區不是世界末日。
如果阿裕尼的選民決定往那個方向走（投工人黨），
那他們將有五年的時間來度過和懺悔。

——李光耀，2011 年

自民主進步黨在一九八六年成立以來，台灣在地方首長層級的選舉便進入了藍綠對決時代。之後國民黨與民進黨一路從地方鬥到中央，到今天的基本格局仍然不變。新加坡則是在二〇一一年出現了一股以工人黨為首，不容行動黨忽視的在野力量，由此進入了藍（工人黨）白（行動黨）對決的新篇章。

李顯龍的歉意

在藍白正式對決之前，我們先聽聽李顯龍在新加坡河畔的一場競選演說。與平時在國會面對反對黨議員的倨傲態度迥然不同，他咧開嘴，笑著對台下觀眾說了好幾次抱歉。抱歉的重點有兩個。第一，烏節路大淹水，許多店家損失慘重。烏節路一帶是國際觀光客雲集的購物區，基礎建設理當十分到位。但從二〇一〇年開始，幾次滂沱大雨把烏節路變成了烏節河，這顯然是排水系統失靈的結果。大家要知道，新加坡不是台灣，位處赤道附近根本就沒有颱風啊。下個大雨便水深及膝，完全執政的行動黨政府實在難辭其咎。

第二點則是哪壺不開提哪壺，對於「跛腳馬」的落跑，李總理也很抱歉。啊？總理不是在國會裡替內政部長護航了嗎？這豈不是自打嘴巴？

李顯龍的新加坡河畔演說片段

全篇演說裡，除了道歉的話以外，值得注意的還有兩段。首先，他花了不少時間解釋他和老爸李光耀的施政風格有多不同，特別是指出他並沒有聽從老人的許多建議。這真是越描越黑，李顯龍早在二〇〇四年就「親政」了，為什麼七年後還要解釋沒有人在「垂簾」呢？都六十歲的人了，講起話來怎如此扭捏？另外有一段則是說到，他和他的團隊雖然「狀況頻出」，但還是一直在學習、進步。例如上一次大選，他在同一個地方發表演說的時候，只給自己的舞台搭了遮陽的塑膠棚，台下的聽眾活生生曬了差不多一個小時的太陽。這一次，總理終於發現他跟平常人的待遇不同了，特地交代底下人務必要給聽眾搭棚子。講到這裡，台下響起了稀稀落落的掌聲。從掌聲的狀況聽起來，這群聽眾大概沒有被篩選過。李總理的手下真是辦事不力啊。

這場演說跟台灣有關係嗎？多少有些關係。我發現無論李顯龍承認政府犯了多少錯誤、表情有多麼不好意思，只要一講到台灣的政治亂象，他馬上就心情大好，頓時口沫橫飛起來。這一點在許多行動黨的部長身上都可以看到，有個例子在台灣便流傳甚廣。二〇一二年，副總理尚達曼（Tharman Shanmugaratnam）到新加坡國立大學演講，最後在回答觀眾提問的時候，有一個年輕人問他，許多外籍大學畢業生在新加坡以低薪求職，結果壓低了本國畢業生的薪資，政府要如何處理？尚達曼的回答是：「新加坡維持開放，在經濟上就能有傑出的表現。阻止外國人才流入會讓國家失去競爭力，結果只會弄巧成拙……難道新加坡要像台灣那樣封閉，以致於平均所得下降嗎？」他的說法讓我想起在新加坡小學教書的經驗。小學生每次犯錯被我逮到，慣用的說詞就是「別人也有做」，不然就是「別人比我更糟」。或許曾任教育部長的尚達曼到學校巡視時，有受到小學生的啟發呢。

工人黨攻下集選區

咦？怎麼還沒有藍白對決呢？別急，就要來了。在將近十天的競選活動中，反對黨在各選區爭相舉辦造勢大會。以淺藍為代表色的工人黨，是唯一有希望在執政黨選區獲勝的反對黨。工人黨有什麼特別之處嗎？有的，當其他小黨還在搬演不斷內訌的老戲碼時，工人黨從提名到競選，大體上呈現出團結的氣氛，已經擺脫反對黨只是一群散沙的既定印象。

工人黨此前在國會長期只有一個席位，是由目前的領導人劉程強在後港（Hougang）單選區連選連任了幾次。劉程強先生，生於一九五〇年代，頂上無毛，能說一口流利的潮州話。他在從政前跟我一樣，曾經在公立學校當過幾年華文老師。雖然行動黨也想拿下這個只有兩萬多張選票的小選區，但這位劉老師在後港的基層工作做得很扎實，使得執政黨始終無法如願，只好被迫讓後港成為新加坡的「民主樣板」。如果劉程強一直留守在小小的單選區裡，對他個人來說，可說是一個安全的選項。但他應該是察覺到，最近幾年民間對執政黨施政頗為不滿，特別是在物價失控方面；於是他在二〇一一年的大選做出了史無前例的大動作。他帶了一組候選人，親自領軍去挑戰毗鄰後港的阿裕尼（Aljunied）集選區，同時將原選區交給自己的辦公室主任競選。

大家已經知道，所謂的集選區制度是李光耀親自打造的銅牆鐵壁，在二〇一一年之前，從來沒有反對黨成功拿下集選區。任何一個集選區裡，至少都有一位內閣部長級的人物來坐鎮，而在阿裕尼帶頭的便是外交部長楊榮文。楊部長，與劉程強約略同齡，在行動黨的中生代裡據說是一位智多星；因為頗有親和力，在民間風評甚佳。這時工人黨的劉程強硬要去挑戰阿裕尼集選區，究竟他能不能更上一層樓？或者就此仕途中斷而提早退休？抑或是被迫回到學校重執教鞭？讓我們繼續看下去。

當我為劉老師捏把冷汗的時候，想不到外交部長楊榮文一改平時談笑風生的姿態，在選戰中頻頻對媒體發出選情告急之聲。有一天，李光耀本人看不下去了，忍不住拿起麥克風講了一段話，大意是警告阿裕尼集選區的選民，要是膽敢投票給工人黨，那就準備懺悔五年吧。此言一出，好比打了連續幾天對選民陪笑臉的李顯龍一耳光。雖然他設法在之前提到的新加坡河畔競選演說中替老爸打圓場，但從楊榮文尷尬的表情看來，失言的傷害是難以挽回了。

五月七日一開票，果然是天崩地裂。行動黨五人團隊在原本固若金湯的阿裕尼集選區難堪地敗選了。工人黨以五五%的選票比例完勝行動黨，這連五五波也談不上啊。看到這種慘狀，李光耀當然沒什麼好臉色。我想他的心裡不外乎是這些話——「這些忘恩負義的傢伙，等著跪求行動黨五年後回來拯救你們吧。」不過很可惜，到今天我都沒聽說有住在阿裕尼的朋友後悔當時的決定，李資政就不要再跟一堆年輕人鬥氣了吧。

開票當天，不只是阿裕尼集選區發生了變化，執政黨在許多長期連任的選區都不再享有壓倒性的優勢。雖然工人黨只攻下了一個集選區，以及守住了老巢後港；但它已經成為有可能全面挑戰行動黨的反對黨了。然而，並不是所有反對黨都能在行動黨勢力衰退下得到好處，像是新加坡的另一個長期「民主樣板」——波東巴西（Potong Pasir）單選區，就在這次選戰中不慎被執政黨翻盤。我想，發展組織的企圖心是工人黨與其他幾個反對黨的根本差異。工人黨在選前好幾年就勤跑基層、默默耕耘，可說是以善打組織戰的行動黨為師。反觀其他幾個反對黨，老是充斥投機氣氛，平時沒動作，選舉到了才忙著插旗子。以我自己所在的西海岸（West Coast）集選區為例，某不成氣候的反對黨候選人在競選時一直說要搬來這裡，結果一落選就完全不見人影。我一個永久居民當然是沒有投票權，但假如我是公民，你說我除了行動黨之外，還有什麼選擇可言呢？請工人黨趕快派人過來發展基層組織吧。

二〇一一年大選的五個觀察

總結起來，二〇一一年的選舉中，有不少值得觀察的現象。

1 行動黨人無視非支持者

在候選人提名日，各政黨候選人都會來到選舉局規定的地點，通常是一個體育場，在講台上發表簡短致詞。在這個場合，所有政黨會派出黨工和支持者到台下搖旗吶喊，形成壁壘分明的各黨區塊；其中人數最多的，當然是手持閃電大旗的行動黨黨員。而我發現，只有行動黨候選人在講台上不會正對前方，而是側向一邊，直接看著台下的支持者。換句話說，這比較像是在對基層黨工精神講話。至於非閃電族群，執政黨候選人彷彿視而不見。所以整個提名的過程裡，執政黨會讓人產生距離感，之前提過的黃根成副總理尤其突出。親愛的副總理，這是人來人往的公開場合，麻煩請朝正前方發言好嗎？

2 行動黨派系問題浮上檯面

行動黨內確實有派系存在，雖然他們很不願意承認。在選舉那幾天，有不識相的記者跑到黃根成副總理（又是他！）的跟前，問起「跛腳馬」的事。只見副總理正氣凜然地回道：「在我的選區裡，從來沒有人跟我抱怨過這件事。」隔沒幾天，內閣資政吳作棟卻在自己的記者會上表示：「如果你們不喜歡黃根成，可以不要選他。」哇，兩位老人家的矛盾實在不小耶。

3 缺乏從政準備的行動黨年輕候選人

行動黨推出了新加坡建國以來最年輕的候選人陳佩玲。陳小姐長相甜美清新，登台時年僅二十七歲。她最亮眼的資歷，或許是她先生曾擔任李顯龍總理的私人祕書。這是個一不小心就會在網路上留下足跡的年代，但很不幸的是，陳佩玲可能對從政缺乏心理準備，過去幾年有不少說話顛三倒四的紀錄。普通年輕人隨便講段話，被放在網路上沒什麼大不了；問題是一個要選舉的人，尤其是代表形象嚴肅的行動黨出征，這會給一般選民留下什麼印象呢？

結果這樣的候選人被派去吳作棟資政帶頭的馬林百列（Marine Parade）集選區，搞得他老人家有事沒事就要替她辯護。比方有一次，吳資政在臉書上爆料，說陳佩玲因為受不了網民的人肉搜索而精神受創，去看了專科醫生。其實老人家想講的重點，在於陳佩玲是越挫越勇的年輕人，所以他依然對這位新人的潛力非常有信心。然而這段勵志話語卻淪為笑柄，在網路上瘋傳開來，為陳佩玲的糗事再添一樁。到了開票當天，果不其然，吳資政團隊的得票率創下歷史新低。選後吳作棟也懶得給她塗脂抹粉了，直接承認她就是造成選票大幅下滑的因素之一。對於執政黨推出這樣的候選人，我只能套用陳佩玲在網路上很知名的一句話作為感想——「我不知道該說什麼才好。」（I don't know what to say.）

尚未出道的陳佩玲

4 典型菁英主動投入反對黨陣營

工人黨在阿裕尼集選區當選的五人團隊裡，有一張有趣的生面孔。陳碩茂，一九六〇年代初期生於台灣，十一歲隨父母移居新加坡，之後歸化為新加坡籍。他是美國一家知名律師事務所的合夥人，這一生大部分時間並不在新加坡，反而是在美國、中國及香港等地來來去去。擁有美國哈佛、史丹佛及英國牛津大學學位的他，學經歷無懈可擊，即使在菁英輩出的行動黨也很難找到像他這種貨色。然而他卻在選前主動找上工人黨的劉程強，要求披掛上陣，這真是令人大跌眼鏡。新加坡人對反對黨候選人有種刻板印象，一般來講比較草根，講著一口方言。跟資歷金光閃閃、只會講英文，動不動就是獎學金得主的行動黨議員形象落差很大；當然陳佩玲是個例外。這下子劉程強可是撿到寶了，立刻將陳碩茂大律師排入競選的第一梯隊。

對於這麼優秀的海外人才回國服務，行動黨是怎麼看的呢？執政黨常說他們求才若渴，對外來人才開放是關係到國家的根本，即使影響國內低薪工人的生計也絕不動搖。針對這個特殊案例，要阿裕尼選民懺悔的李光耀會怎麼說？「陳碩茂如果落選了，該怎麼辦呢？」——選前還真有記者問了這問題。李資政的回答是：「他可以回中國去。」這真是耐人尋味的答案啊。不過阿裕尼選民硬是把陳碩茂給留下來，看來短時間內他是回不去了。

5 網路即時傳遞，開票結果迅速出爐

與上次在半夜才知道開票結果不同，這次的選舉結果在十點前就大致揭曉了。拜網路科技發達之賜，各政黨派駐在計票中心的代表利用臉書、推特等管道，快速地將得票數字源源不斷向外傳送。當電視如二〇〇六年一般不斷重播「舊聞」的時候，新加坡全島各處已經響起慶祝反對黨攻下一個集選區的歡呼聲了。到了午夜時分，平時幾乎春風滿面的新傳媒電視記者才以凝重無比的表情，報導執政黨在阿裕尼落敗的消息。再怎麼說，執政黨也只是丟掉一個集選區而已，萬一以後政黨輪替的話，這些記者該作何反應呢？這真是令人非常好奇啊。

李顯龍終於親政

從選舉結果來看，行動黨的全國得票率由上屆的六六％滑落到這屆的六〇％，這是新加坡建國以來最低的數字。在國會席次分布方面，執

政黨八十一席、工人黨六席，其他所有反對黨則是掛零。換算成百分比，反對黨占約四〇%的選票，但取得席次只有總數的七%。雖然新國會的結構看似與以往差異不大，但確實已經讓李顯龍如坐針氈了。

為了因應新局面，李顯龍做出了不小的反應，其中最重要的有兩項。第一，李光耀與吳作棟一同退出內閣。各位可能會覺得莫名其妙，他們不過是資政而已嘛，有什麼了不起？在台灣，總統也請了一堆資政，通常只是酬庸性質；但在新加坡可不是這樣。內閣每次開會，資政們都能列席並且參與討論，而所有資政中尤以李光耀的實質影響力最大。如果大家不健忘的話，新加坡究竟要不要開設賭場這件事，並不是李顯龍總理先說的，而是李光耀資政。雖然李光耀是在非正式場合跟媒體談話，但由此可見他的影響力。事實上，在我長住新加坡的十年中，媒體時不時就會以他說了某句話來當作頭版頭條。如果我沒有記錯，在陳水扁和馬英九的任期裡，李登輝前總統還不曾有如此禮遇，最多只有次要版面的花絮新聞，像是他的心血管又多裝了一根支架之類的。如今李顯龍終於把老人家們請出內閣會議室，這不能不說是一大突破。或許李顯龍的「親政」必須從此刻算起。順便告訴大家，始終聽不到選區內抱怨聲音的黃根成副總理，也隨著李光耀和吳作棟一起卸任而退出了內閣。既然聽力不好，那就不要勉強了吧。

第二，李顯龍開始著手檢討所有政務官及國會議員的薪資。新加坡政府一向講求高薪養廉，高官中的高官——新加坡總理的薪水有多高？以二〇一〇年為例，每年新加坡納稅人要付他三百多萬新元的薪水，也就是七千多萬新台幣。這是什麼概念？這是台灣總統的十倍以上，更不可思議的是，居然還是美國總統歐巴馬（Barack Obama）的五倍以上。與國家尺寸不成比例的總理薪水，果然引來某些外國媒體對李顯龍的當面質疑。不像在國內對老百姓說得振振有詞，李顯龍面對洋人的時候，屢次對這個問題實問虛答，不然就是顧左右而言他。好在他不必常常被這些白目的外國記者打臉，只要回到國內，媒體的氣氛都很溫馨，心情很容易就平復了。不論有沒有在選舉，反對黨有事沒事就很喜歡拿高官們的薪水來當標靶，他一直不曾理會。但二〇一一年的大選結果真的有震到他，再不檢討不行了。經過好一陣子的研究，最後他給好夥伴們全降了薪，自己也減了超過三成，但打折後的薪水還是世界第一啊。看來那些機車洋記者的臭嘴巴，是很難關起來了。

再次讓執政黨難堪的總統大選

過了這場步步驚心的國會大選，本來執政黨可以好好休整一下，然而每六年一任的總統也在二〇一一年任期屆滿了，於是僅僅過了三個月左右，全國又重新捲入選戰的煙硝。原來的總統納丹（S. R. Nathan）已經連任了一次，也就是做了十二年的總統。納丹，印度族人，一九二四年生，身形好似香港動作明星洪金寶，是一名資深公務員，最引人注目的資歷，或許是曾在一九七〇年代擔任保安與情報司（Security and Intelligence Division）司長。與此同時，他還擔任《海峽時報》執行主席一職。他一邊要主管情報工作，一邊又要掌理新加坡第一大報，如此戮力從公，可說是一位不可多得的奇才，無怪乎深受李光耀喜愛。假如年事已高的他要再競選一次，那他就得從八十七歲做到九十三歲了，這將再次為新加坡創下一項世界紀錄。全世界最老的總統將出現在新加坡？這可不是什麼光彩的事。拜託，新加坡理論上可是個民主國家耶。雖然納丹與李光耀親密非常，但李資政本人已經告老還鄉了，總統府哪裡還容得下另一位年近九十的人瑞呢？於是行動黨只好忍痛割愛，另尋高明。那麼這次總統大選，執政黨要為哪位年輕人背書呢？

答案很快就揭曉了，陳慶炎，一九四〇年生，從年輕到現在都戴著一副粗框眼鏡，擁有應用數學博士學位。陳博士的氣質與其說像是學者，倒不如說像是中國古裝戲裡的有錢員外。他的資歷比起納丹可以說是有過之而無不及，曾經擔任李光耀總理時代的教育部長、國防部長以及副總理。李光耀本人公開說過，他原本希望繼任總理的第一人選是陳慶炎，而不是吳作棟，可惜陰差陽錯，此一願望未能實現。這段話把老吳搞得很沒面子，不過由此可見李陳兩人關係如何。雖然沒總理可做，之後他仍是屢獲重用，不曾離開層峰的視線。直到二〇一一年，他終於等來了另一個攀登峰頂的機會，但是這位年過七十的「年輕人」能夠得到選民的青睞嗎？身為一個局外人的我也非常好奇。

在總統選戰正式開打之前，我們先來了解一下新加坡總統是什麼樣的一個職位。跟台灣總統很不一樣的是，新加坡總統基本上只是個吉祥物而已。除了在每年國慶典禮搭禮車繞場一周揮揮手之外，他最重要的工作就是看好國庫，以免當反對黨不小心拿下執政權時一口氣把錢花光。假如新加坡是一架大型電器，總統可以說是它的保險絲。這樣聽起來好像跟台灣的副總統差不多，要是天沒有塌下來，他們大概都沒什麼事做。以往總統大位的競爭並不激烈，倒不是因為沒人想選，而是總統選舉法規定的競選門檻高得離譜。高到什麼地步？人品端正是其中一條，這個問題不大。問題在於另一條：候選人必須擔任過三年以上內閣部長級職務，或曾主管政府法定機構（比如建屋局局長），或者在新加坡註冊公司做過執行長等級的工作，其資本額要在一億新元以上。按照這般規定，合格者將很難出身於行動黨或政府以外的地方。你回想一下集選區的制度，就不會對李光耀在民選總統制度的創造與發明感到意外了。拜如此嚴苛條件之賜，於是納丹總統就享受了兩次的「不戰而勝」。

此外，根據法律規定，新加坡的總統不得隸屬於任何政黨，然而各政黨可以為候選人背書。本來有黨籍者，脫黨再選即可。從以往來看，也只有行動黨背書的候選人才有資格參選，其他政黨就不必煩惱這種事情了，門都沒有。總統有無黨籍這件事究竟重要與否，只要看納丹總統就知道了。當一個人可以跟李光耀心心相印的時候，還要一張紙來證明嗎？

雖然有如同金鐘罩與鐵布衫的總統選舉法護身，二〇一一年對行動黨來說畢竟是個不祥的年份，事態還是發生變化了。這一年，登記合格的候選人除了行動黨加持的陳慶炎博士以外，居然達到了三位。怎麼會這樣？原來其他三人全是廣義的執政黨出身，一位是前行動黨籍國會議員，一位是前「國營」保險公司*執行長，最後一位則是吳作棟擔任總理時的特助。最妙的是，連同陳慶炎在內，這次是四位陳氏宗親在爭奪大位。

既然執政黨是唯一推薦陳慶炎，那麼其他三位參選的陳先生，不論過去跟黨有千絲萬縷的關係，這時也只有自力救濟的份兒了。他們各出奇招，無非是要給總統這個死板板的工作，注入一些新鮮的元素。反觀陳慶炎，政見只有一條，就是「依法行政」。結果四個人在競選當中，花費了大量時間在爭論總統的職權範圍，選戰彷彿變成一場法律學者之間的口舌之爭。選民們對於總統到底該做什麼的意見或許不同，但可以肯定的是，總統僅僅作為政府的橡皮圖章，這個長久的慣例在民心思變

*註：「國營」保險公司指的是職總英康保險合作社（NTUC Income Insurance Co-Operative Limited），這是職總工會（NTUC）旗下附設的保險公司，而政府對於該工會有實質影響力。

的風潮下，已經逐漸鬆動了。很遺憾地，陳慶炎在競選過程中似乎沒有覺察到這一點。

跟國會大選一樣，總統的選舉活動也是沒幾天就結束了。八月二十七日成了驚心動魄的開票日，陳慶炎只以三五．二%的相對多數勉強當選，比起第二名只多了〇．三五%。相較於納丹前兩次的「不戰而勝」，這種結果對陳慶炎本人和行動黨實在太過難堪。看看陳水扁前總統，他在二〇〇〇年當選的得票率是三九．三%，而達不到絕對多數的下場，就是在此後四年任期屢遭在野黨的強力杯葛。有將近六五%的新加坡人並沒有投給陳慶炎，他要如何面對大多數不買帳的選民呢？全世界任何只能以相對多數當選的領導人大概都會感到底氣不足，這就是為什麼有些國家會實施兩輪以上的總統投票制度吧。然而木已成舟，陳慶炎只能尷尬地走馬上任了。

在總統選舉期間，我也是第一次從電視上聽到陳慶炎說華語。雖然我早聽說執政黨裡許多華人官員的華語都很弱，但因為沒有太多機會可以目擊他們在公開場合連續講個幾分鐘，我一直覺得大概只是謠言而已。我在小學裡教過華文，碰到的學生少說有幾千人。華文在「小六離校會考」是必考科目，哪可能有那麼多不懂華語的華人呢？

但陳慶炎的競選演說，讓身為前華文老師的我徹底投降了。從前三句話，我就發現他根本對華文沒有語感，不只發音咬字和抑揚頓挫有問題，連斷句該斷在哪裡也毫無章法可言。我想如果是一位不諳華文的洋人站在台上，硬生生照稿朗誦文章大概就是這麼回事吧。一位生著純正華人面孔的政府高官卻幾乎是華語文盲，而他只不過是眾多華語文盲高官的其中一位，這叫新加坡全國的華人學生如何提得起學華文的興趣？難怪我在學校教書的時候，動不動就聽到有學生抱怨：「我討厭華文。」（I hate Chinese.）聽完陳慶炎的整篇演講後，我對新加坡華文老師未來的命運，只能抱持審慎悲觀的態度。祝我的前同事們好運吧。

陳慶炎的總統競選演説

執政黨的另一個挑戰——地鐵斷線事故頻傳

無論陳慶炎有沒有心要學華文，反正已經很好運地坐在總統位子上了，誰還管得了呢？總之，二〇一一年的兩大選舉就此落幕。如無意外，大約要到二〇一六年，新加坡政界才會重新面臨一次大洗牌。

然而新加坡的風水可能發生了變化。二〇一一年底，這個小地方又出了狀況——新加坡地鐵發生了營運二十四年來最嚴重的斷線事故。十二月十五日和十七日，有如全國大動脈的南北線在交通尖峰時刻停擺了好幾個小時，為此受影響的旅客數以萬計。地鐵公司很快對所有路線進行了全面檢查。可是從此之後，斷線事故卻如瘟疫般蔓延，不只是南北線，連東西線也頻頻中斷。一時間，交通部長呂德耀成了眾矢之的。呂德耀，年約五十，身形高瘦，面部顴骨高起；依中國相法而言，主勞碌之命。他原是職業軍人，官拜海軍總長；二〇〇五年才轉入政界發展。呂將軍在二〇一一年大選後接任交通部長，這下可是活生生接了個爛攤子。

面對兩條老地鐵線三天一小斷、五天一大斷的尷尬狀況，交通部長呂德耀在國會是這樣解釋的：他以「浴缸效應」（bathtub effect）來描述地鐵出包的原因。大家可能不熟悉這個工程用語，不過只要想像一下浴缸如英文字母大寫U的橫切面，大概就會明白。簡單來說，一套工程系統裡不是有大量零件嗎？當系統開始運轉時，各零件要磨合，此時會產生一些故障。等磨合期過了，這種問題便不再發生。系統如此運轉順暢多年之後，由於各個零件逐漸老化，故障率又會再次升高。別看呂部長是軍人出身，講起地鐵這玩意兒還真是有條有理。南北線和東西線已經是二十多年的老系統了，出點狀況也很正常嘛。然而呂部長畢竟是勞碌命，在他提出「浴缸效應」的幾天後，營運僅十年左右的東北線同樣在尖峰時段無預警地停止運作。看來呂部長從軍中帶出的「電動按摩浴缸」並不管用，只用了兩下子，也隨著全國三條地鐵線一起故障了。

我們可以把呂德耀在國會的浴缸報告當作一個分水嶺，之前地鐵的擁擠雖然引起民眾的一些抱怨，但是還不致於影響上班上學。之後不定時、不定點兼大規模的斷線事故成為常態，全國通勤族的生活陷入了無休無止的黑暗期。呂部長為此有幾個月不是震怒，便是道歉；到後來大概是不耐煩了，除了一再重複「不可接受」和「零容忍」之外，他又提出了全新的說法。有一次他在國會宣稱，他會要求地鐵公司降低三十分鐘以上的斷線事故。換句話說，三十分鐘以下的斷線叫做正常，大家就不要再為難他囉。既然呂部長都這麼說了，媒體豈能不明白？他們原先是以頭版頭條報導地鐵問題，後來慢慢地移到二版、三版，最後只在第十幾版放個小方塊就打發掉了。媒體連恐怖分子「跛腳馬」的新聞也可以淡化處理，像地鐵斷線這種雞毛蒜皮的小事情又有什麼好報的呢？

意外的桃色風暴——後港區議員補選

跟媒體一樣，我也不說沒完沒了的地鐵問題了，回來再看藍白如何相爭。自從工人黨奪下一個集選區之後，執政黨懷恨在心，時不時就會從不同的中央單位發函給他們找麻煩。這也是很無奈的，李光耀都說要讓阿裕尼的選民懺悔五年了，誰敢不照辦？在雙方隔空互槓之際，行動黨抓住了一個好機會，這可是工人黨自己捅出的婁子。工人黨的老巢後港不是交棒給劉程強的辦公室主任打理了嗎？這位新科議員叫作饒欣龍，剛好與我同歲，是工人黨的資深黨工。年紀輕輕就選上議員，確實是不簡單；但他當選的隔天就在我太太娘家樓下發生了一起小車禍。我猜想是選後飲酒慶功而不慎肇事。然而這或許是上天在暗示著，聲勢鵲起的工人黨即將迎來一場意外的風暴。

二〇一二年一月，一則新聞炸開了鍋，已婚的饒議員被傳出有婚外情！外遇對象究竟是誰，一時眾說紛紜，比較普遍的說法是指向一名女黨工。在新加坡，政治人物搞婚外情可是件大事。李光耀本人對很多事情有興趣，唯獨對女色一向敬而遠之；許多後輩群起仿效他的修身與齊家哲學。饒欣龍身為政壇新秀，居然不懂這個道理。一手調教他的師父劉程強該如何是好？

事件剛曝光時，劉程強還躲躲閃閃，臉色鐵青地不置一詞。從他的反應看來，恐怕也是看到報紙才知道。過了差不多兩星期，劉程強終於緩過神來，面對媒體好好解釋了一通，主要是替徒弟道歉。咦？為什麼要替他道歉？原來自從新聞上報之後，饒欣龍本人就失聯了。那工人黨總是有黨紀的吧？有的，劉程強公開定下了日期，在二月的某一天，要求小饒出面到黨中央接受審查。

時間一天天過去，饒欣龍仍是不見人影。到了審查當天，劉程強與其他幾位重要幹部都到齊了。他們最後等到的，卻是一團空氣，連一封道歉信也沒有。這會兒，劉老師真的火了，當場將小饒開除黨籍。這等同於宣告工人黨在後港區的議員出缺，如無意外，一場補選很快就要展開了。

行動黨對此事哪能冷眼旁觀？除了發動媒體批判工人黨辜負選民期待之外，最重要的就是盡快舉行補選，派人去拿下後港這個礙眼的單選區。在國會大選僅僅一年後，後港的選民便得到第二次投票的機會。面對長期支持的工人黨在劉程強升官加爵後立刻出了狀況，這兩萬多票會做出怎樣的抉擇呢？工人黨的鐵票區會生鏽嗎？

二〇一二年五月，兩黨候選人在後港捉對廝殺起來，然而這場選舉的主角，似乎成了劉程強以及張志賢副總理。

張志賢，年近六十，身形高瘦，原是一名職業軍人，官拜海軍總長。

咦？怎麼跟苦命的交通部長呂德耀一模一樣？以上雷同純屬巧合，接下來兩人的命運就截然不同了。

張志賢自一九九一年轉入政壇發展後，歷任教育部長、國防部長等要職，最終於二〇〇九年榮升副總理。一位前海軍總長居然主管全國教育工作長達六年，如此文武全才之人，正是李光耀的最愛。各位一看到張副總理，肯定會先注意到他的鼻子。古人有云：「問財在眼，問富在鼻。」他臉部中央那高挺又肥厚的傢伙確實不是隨便亂長的。一百多年前孫中山在南洋為革命運動募款時，新加坡有位豪商張永福出錢出力，甚至把一座小洋樓捐出來，作為革命基地使用——這位張永福，就是張志賢的曾叔公。張志賢的父親則曾經是新加坡華僑銀行董事局主席，該銀行是新加坡現今三大銀行之一。由此可見張家在新加坡的地位。

張志賢副總理令人羨慕不已的鼻子

為什麼我說劉程強和張志賢才是主角？因為對劉來說，這是一場面子之戰，關係到他從政二十多年的聲譽；對張來說，從他決定親自為行動黨候選人輔選的時候開始，媒體就自動把該候選人邊緣化了。一個小小的單選區補選居然要勞駕副總理來操刀，你說媒體不拍他要拍誰？

然而就和台灣的連戰先生一樣，張志賢的富貴相格底下隱藏了一個致命的缺陷，那就是不擅長選舉操作手法。當他召開記者會為執政黨候選人助陣時，他拿出了一份文件。從他肅殺的表情看來，想必這是對敵營有相當破壞力的武器吧。原來這是工人黨內部的會議紀錄，記下了工人黨決定候選人的詳細經過。張志賢的重點是，因為第一順位的人不想選，所以工人黨這次推派的人選是個備胎。好吧，然後呢？沒有然後了。張志賢將這點反反覆覆在各媒體及候選人造勢晚會上講了很多遍，一直講到執政黨候選人落選為止。

各位朋友啊，你說張志賢這種白開水程度的爆料，會有多少效果呢？

或許真正值得探究的是，他是怎麼取得別人家閉門會議的資料？忘了告訴告位，他除了是副總理之外，目前還身兼國家安全部長呢。嗯，國家安全，這樣大家應該就明白了吧。但很詭異的是，以前「跛腳馬」在街上亂跑的時候，國家安全部都在幹什麼呢？

這場地方級的選舉，雖是工人黨內部出包而理虧，卻仍然囊括超過六〇%的選票大勝執政黨，讓張志賢悻悻然而去。從後港來看，這很明確是藍白對決的狀況。不管後港區的候選人是誰，這裡的政治板塊恐怕很難移動了。有人會問，後港區二十多年來對工人黨堅定不移的支持有可能動搖嗎？我個人覺得很難，至少要像頂新集團一樣，在食品安全方面連續犯規很多次，才會真正引起眾怒。如今一點桃色糾紛對聲勢方如旭日東升的工人黨而言，實在影響有限。我想問題應該反過來問：全國人民多年來對行動黨堅定不移的支持有可能動搖嗎？行動黨會像頂新集團一樣信用掃地嗎？在一黨獨大五十多年後，人民心裡的不安與疑惑似乎是難以避免了。

又見桃色風暴——榜鵝東議員補選

經過了一場補選，這會兒總該沒事了吧？不料桃色新聞就像傳染病一樣，在幾個月後也傳給了執政黨。這次中鏢的可不是普通的國會議員了，而是擔任國會議長的邁克・柏默（Michael Palmer）。

柏默是個已婚的混血帥哥，年僅四十出頭就當上了國會議長，可謂意氣風發。然而他在公餘之暇，跟年輕的黨工小姐暗通款曲。這件事是怎麼曝光的呢？有一種說法是這樣的：黨工小姐剛離婚不久就搭上了柏默，她的前夫得知後極為不爽，認為是柏默介入自己的婚姻，憤而將她與柏默的私密照片散發出去。究竟是真是假，恐怕只有當事人才清楚了。但很奇怪的是，網上到處流傳的，並不是黨工小姐和柏默的照片，而是另一位年輕又帥氣的執政黨國會議員張思樂和她狀似打情罵俏的照片，弄不清楚的民眾還以為是張議員在搞婚外情。這下子張議員尷尬極了，連忙對外澄清。這告訴我們一件事情，長官跟下屬出去郊遊踏青是可以的，但引人遐思的照片可不能亂拍呀。

張思樂議員極力撇清與黨工小姐關係的糗態

從當時的新聞短片我們可以看到，張志賢副總理押著柏默開了記者會，讓他「主動」辭去了所有黨職和公職。新加坡國會議長就好比台灣的立法院長，擔任如此要職的人偷吃又被「抓猴」，丟的不只是個人的臉面，更是黨和國家的臉面。行動黨自李光耀以下一向喜歡標榜黨內選拔人才標準之嚴格，怎麼會發生這麼離譜的事情呢？不過既然事已至此，行動黨高層只好盡快找人接管柏默留下的榜鵝東（Punggol East）單選區。結果這位職務代理人正是跟黨工小姐「不熟」的張思樂議員，這下子他是跳進新加坡河也洗不清他的冤屈了。

由於榜鵝東是個單選區，這樣的代理只能是暫時性質，政府在幾週後還是宣布了補選的消息，時間就訂在二〇一三年一月底。剛好我太太的娘家落在榜鵝東，她的家人便意外得到了投票的機會。從二〇一一年的結果來看，行動黨在本區拿下五四%的選票，主要反對黨工人黨只有四一%，另有一個次要反對黨是四%。行動黨雖然在補選中顯得理虧，但只要榜鵝東維持三角戰的格局，再加上過半的基本盤，其勝算仍然比較大。看看半年前的後港就好，在白大於藍的榜鵝東，執政黨安啦。

然而在補選進行的同時，榜鵝東的選民正為了區內的購物商場翻新計畫而抱怨連連。這是怎麼回事呢？原來這不是私人商場，而是歸建屋局所管的公家商場。該局規劃的翻新工程才做到一半，就因為承包商倒閉而停頓下來，結果使得場內還在做生意的商家和附近居民的日常生活受到很大影響。我在第2章有提過，我家樓下的商場曾發生類似問題，但當時附近的居民很少，商家也尚未進駐，基本上沒有造成太多人的不便，因此兩者不可同日而語。原來的議長兼選區議員柏默有空去拈花惹草，卻沒空來監督商場翻新工程的進度？我想這大概是許多榜鵝東選民心裡共同的疑問。那麼選民是否會因此將生活中的怨氣出在執政黨身上呢？所謂的白大於藍，似乎要打個折扣才行。

從補選的那幾天看來，執政黨對選情是憂心的。在合格選民充其量不過三萬多人的榜鵝東，許多部長級人物每天輪流去「打卡」，幾乎達到眾星雲集的程度，以致於各黨候選人反而失去了光彩。到最後，連李顯龍總理都親自駕臨了。有一天，一群執政黨部長加上議員簇擁著他，來到那座翻新不成的購物商場跟民眾拜票，想不到居然拜出了毛病。怎麼會這樣？原來商場裡有兩間食閣，各自擁有約七、八個攤位。由於種種原因，兩間的生意落差不小，一邊是人山人海，一邊是門可羅雀。據太太娘家人轉述，當李總理一夥人到了現場，不知為何，他們選擇了沒什麼食客的食閣來跟大家「搏感情」。難道李總理是要跟空氣請託嗎？這個情況被許多買菜的婆婆媽媽當場目擊，經過口耳相傳，結果對執政黨的選情造成了負面衝擊。

最終選票在一月二十六日開了出來，在李總理的親自「助陣」下，行動黨候選人只拿到四三％的選票，工人黨候選人則是拿下五四％，順利將榜鵝東給翻盤了。面對補選的二次失利，李顯龍在行動黨候選人的敗選記者會上，除了顯得有些無奈，寫在他臉上的，更多的是疲憊。

李顯龍就職十年總體檢

在榜鵝東補選後，一直到二〇一四年尾，新加坡的政壇暫時是風平浪靜了。事實上，二〇一四年正是李總理就職十週年，我們應該可以簡單評價一下他擔任總理的成績單了。就我的觀察，李顯龍雖然在選舉方面不算在行，但他在施政方面並非無所作為，確實下了不少工夫來收買人心。總結起來，他主攻的兩個方向是社會中下階層以及銀髮族人士。為什麼他對這兩個族群會特別關心呢？讓我們來了解一下。

社會中下階層的另一個名字便是勞方，行動黨向來主張勞方、資方、政府的三方關係要和諧；但從實務上來看，這永遠不可能是一個等邊三角形。在第７章，我們看到李光耀在一九八〇年代的競選演說中大肆批判罷工機師，這已經指出三者的真正優先順序是「政、資、勞」，而不是政府所宣傳的「勞、資、政」。新加坡的中小企業雇用了七〇％的勞工，其餘才是受雇於政府或大公司。想知道中小企業的雇主是怎麼對待員工的嗎？讓我們來看一則由新加坡人力部拍攝的廣告。

新加坡人力部的廣告

片中愁眉苦臉的清潔「安梯」對朋友抱怨老闆的種種不是，說他遲發薪水、不給公積金、員工拿ＭＣ（病假）會扣工錢，而且不給員工年假。這時一旁聽到的「安科」（uncle的新加坡發音）給了她新加坡人力部的電話號碼。她打去投訴以後，居然全部該有的權益都拿回來了，於是滿面春色地在小販熟食中心向朋友報喜。想不到被投訴的老闆在此時笑咪咪地竄了出來，說了令人不可思議的幾句話：「員工開心，我也開心。我這個做老闆的，過去有些事情或許沒留意到，還好能及時糾正。」最後「安梯」與老闆前後各喊了一句人力部的口號，結束了這則廣告。

片中的老闆宣稱他忘記了很多事情，但為什麼他什麼都忘了，就是沒有忘記叫「安梯」上班呢？等員工去人力部投訴才按法律行事，這也能算得上是「及時」糾正嗎？很遺憾的是，新加坡許多勞工碰到的老闆便是這副德性。唯一不同的是，被人力部罰款的他們可不會笑咪咪地走出來跟勞工賠不是，而是會找藉口開除告密的傢伙。除了要面對這樣的老闆，許多新加坡員工還要在本地跟外國人搶工作。如我在第4章所說，二〇一三年的人口白皮書只會讓本地勞工的權益進一步被稀釋。代表社會中下階層的勞方，其選票超過百萬，執政黨當然得好好補貼他們一下囉。

政府補貼勞方的層面不少，但最近讓我特別注意到的，是看病這回事。新加坡民間有個說法：「在新加坡可以死，不可以病。」這可不是在開玩笑，我最近到樓下的私人診所看個普通的小感冒就要花四十多新元，相當於台幣一千元左右。根據我個人的經驗，在台灣生同樣的病，在私人診所不用五百元就可以解決。以上所說的都是自費看醫生的情況，如果我有台灣健保卡，那費用可以再降到兩百多元。

在新加坡，想得到類似於台灣的健保待遇可不容易。新加坡政府長期以來對「全國健保」的概念很忌諱，認為是種過度的社會福利，動不動就拿一些歐洲國家的例子當負面教材來警告人民。既然政府不願意花這個錢，於是就交給民間的保險公司打理，讓市場自由競爭去了。結果新加坡所謂的健保卡，全是保險公司針對企業員工所設計的，而不是針對個人；企業則是以公司福利的方式提供給一般員工。重點來了，公司的福利可不是政府強制規定的，可以提供，也可以不提供。這下子可好，公司不給員工健保是完全合法的，精明的中小企業老闆很清楚這一點。

另外，退休族或失業者都沒有雇主，這些人又該怎麼辦呢？

針對這個問題，政府直到二〇一二年才調整了思路，推出「社保援助計畫」（Community Health Assist Scheme），把大部分的弱勢族群涵蓋進來。該計畫底下共有三個補貼等級，其中的最高級別是提供給「建國一代」（Pioneer Generation）——這是二〇一三年由李總理提出的新名詞，它代表的便是銀髮族人士。跟年輕人不一樣，他們經歷了李光耀擔任總理的年代，對執政黨的感情畢竟不同。照顧這三十萬張鐵票，李顯龍總理是責無旁貸的呀。讓我們來欣賞一下政府為「建國一代」拍攝的廣告。

「建國一代」短片

這則廣告是以新加坡底層文化「歌台」的方式呈現，由兩位諧星領著一批阿公阿媽又唱又跳。「歌台」就像是台灣的野台戲或電子花車，由此可見李顯龍試圖與中下階層人民拉近距離的企圖心。

我們如果仔細檢視李顯龍在各個方面的施政，大概會得出一個結論。那就是在二〇一一年大選後，隨著李光耀資政退出內閣，我們才逐漸看出李顯龍本人的特色。我在第7章提過，李光耀擔任總理的最初二十年，他與同輩們雖是長官與下屬的關係，但基本上還算平起平坐。到了行動黨的「領導層自我更新」開始後，李光耀慢慢成了唯一的權威。於是自吳作棟總理時代到李顯龍總理時代的前期，所有內閣成員幾乎都很難跳脫李光耀資政設下的思想框架——李顯龍本人當然也不例外。

李光耀與蔣經國的不同抉擇

李光耀思想的本質就是菁英領導，或可稱為專家政治；至於人民，那只有配合的份。這一套思想在一九八〇年代以前不只是普通管用，還非常有效率。但這有一個重要的時代背景，當時的人民教育水平低落，社會經濟不發達，把政治交給專家打理是不得已的安排。然而進入了一九九〇年代，大部分新加坡人已不再是目不識丁的文盲，物質生活也豐富了，對政治要求更高的參與度是很自然的事情。與新加坡有著類似發展路徑的台灣，在約略同一時期，也面臨同樣的問題。

我們知道蔣經國與李光耀是至交，然而兩人在交棒的關鍵時刻，決定給人民留下的遺產卻截然不同。前者將台灣民間的力量釋放出來，而後者選擇繼續管理甚至壓制新加坡民間的力量。經過了二十多年的發展，兩個社會已從孿生兄弟變成沒有交集的路人。

兩者究竟孰優孰劣，我相信不只是今天難有定論；就算二十年後，可能仍然莫衷一是。然而台灣直到今天，在社會各個領域都有不少人，每逢台灣社會有些亂象浮現，就忍不住要提起李光耀，彷彿只要李光耀在台灣執掌大權，所有問題便可迎刃而解。我完全可以理解這樣的心態，因為我本人在長住新加坡之前，也曾對李光耀有一定程度的崇拜。事實上，蔣經國時代的社會安定也是我所懷念的。在我心裡，蔣總統的身影總是那麼親切、說話總是那麼誠懇，一點都沒有後來民選政治人物的油腔滑調。我很想當面問他：「經國先生，台灣老百姓現在被政治人物耍得團團轉，搞得大家非藍即綠，還要面對比您那時強上百倍的中國大陸，我們到底該往哪裡去？」但我的心裡有另外一個聲音告訴我，蔣經國其實是認識到自身力量的有限與人民力量的無限，才把所有權力交付給人民，讓人民發揮智慧，讓生命自己找到出路。既然他是一位有開放心胸、有大智慧的領袖，我對他的早早離開，又有什麼好難過的呢？當然，這或許只是我的美好想像而已。畢竟蔣經國的另一個身分是獨裁者，所以我對他的懷念之情至少得打個七折，這樣對一些白色恐怖的受害者才算是比較公平啊。

當台灣已經往更加民主化的道路前進了二十多年之後，是否還有必要回頭參考李光耀統治下的新加坡？如果真要參考，是否該以二〇一一年以後的李顯龍版本為準才更為合理？雖然我在前幾章對新加坡的社會現狀有些意見，但是在這裡，我必須為李顯龍說句話。我認為他在父親的陰影下，實力被部分新加坡人不公平地低估了。從他在二〇一一年以後的種種作為看來，也許正因為他是李光耀的兒子，他有絕對的正當性去突破李光耀思想的框架。相較於被綁手綁腳的吳作棟，擺脫李光耀束縛的他，更有望成為新時代的開創者。最重要的是，他將有可能不再像李光耀一樣，依賴種種政治上的手段來維持政權的延續。從他的眼神裡，我看到一種李光耀沒有的溫和態度，或許他將是啟動新加坡未來政治轉型的關鍵人物吧。這就是我給李顯龍總理的評價。新加坡的朋友，請給實際上親政不久的他多一點時間吧。

至於目前唯一像樣的反對黨工人黨，以我的觀察，雖然在社會氣氛上占有一定優勢，但歸結到能否挑戰執政黨這一點，恐怕至少還有十年以上的路要走。到目前為止，他們的基層組織只不過發展到新加坡東部的一半左右；而有實力在選舉場上跟行動黨較量的候選人，最多不過是十幾位。假如他們全都有幸進入國會，能不能提出與行動黨思路不同卻切實可行的替代政策，那又是另外一個問題。不過新加坡人已經等很久了，也不差個十年，欲速則不達嘛。我期待工人黨穩健地茁壯成長，在未來提供新加坡人一個優質的第二選擇。

最後讓我再次提醒一些對蔣經國思念過度，以致於移情到李光耀身上的台灣朋友。你喜歡用蘋果手機嗎？如果答案是喜歡的話，當你走進手機行，你的第一選擇應該是 iPhone 6 系列吧。你會因為自己對蘋果經典機款的喜愛，硬要買一支二〇〇七年生產的第一代 iPhone 嗎？無論第一代 iPhone 在當時多麼先進，放到二〇一四年來看，它就是個古董而已。如果你那麼喜歡欣賞古董，有個地方會比手機行更適合你——故宮博物院。希望你買蘋果手機的時候，不要再走錯地方了。

Chapter 9
我和新加坡人想的不一樣

二〇一四年五月，《投資告白》剛上市幾週，我和一位大學時期的學妹相約，趁我回台打書的時候當面贈書一本，作為友誼的紀念。這位張小姐，以前是身材修長，法律系畢業後苦讀數年，終於考上律師。我和張小姐也有多年不見了，不知如今狀況如何？萬一突然認不出來，我可得保持淡定才好。

到了會面當日，我提前五分鐘到達張小姐推薦的聚餐場所，台北市中山堂附近的梅村日本料理餐廳。有看過《投資告白》的朋友就知道，由於小時候梁媽帶著兩個小孩在中山堂旁邊的號子流連忘返，所以只要一走進這一帶商圈，許多的童年回憶都會湧上心頭。當我坐在梅村門口的椅子上等待並冥想童年的時候，高瘦的一對男女一同走了進來。這不正是張小姐和她口中的另一半，在警界服務的李組長嗎？李組長，年紀稍長於我，之前有過一面之緣。在握手寒暄之際，我不禁暗自慶幸，兩位皆是保養有道之人，讓我沒有任何辨認的困難；而對方也沒有什麼強作鎮定的表情。嗯，真是太好了。

在餐桌上，我和他們兩位交換了過去幾年關於人生的心得。由於他們最近十年沒有來過新加坡，對南洋小島的現狀十分有興趣。讓我沒想到的是，才談了不到半個小時，李組長眉頭一皺，發現「案情」並不單純。他突然拋出一個問題：「你是否有回台灣的打算？」這時張小姐哈哈大笑，補上一句：「我沒有告訴他喔，是他自己猜到的。」明察秋毫的李組長花了二十多分鐘，就識破了我的出書動機，看出「我和新加坡人想的不一樣」，心裡有回台發展的打算。各位朋友，你已經耐心地讀到這裡，是否也猜到了呢？

我的交易老師艾爾德醫生曾經在《操作生涯不是夢》一書中說過：「你可以獲得自由之身，你可以在世界的任何一個角落居住和工作，你可以遠離世俗的種種繁文縟節，並且從此不再為五斗米折腰。這就是成功交易人生活的寫照。」從二〇〇八年跨入全職交易開始，我花了三年時間，終於實現穩定獲利的目標，此後我便有選擇在世界任何一個角落居住和工作的特權了。要繼續留在新加坡當「台僑」嗎？我對新加坡是很習慣，但島上一成不變的生活似乎不值得我再花十年重新體驗一遍。我希望生活裡多些不一樣的新鮮感，那麼要搬去哪裡呢？還要搬去以洋人為主的地方嗎？我在美國住過三年，那段看一堆洋人白眼的經驗只能說是不堪回首，我想也沒必要再來一次。

那麼搬回故鄉台灣怎麼樣？這十年來，我每年大概都會回台北一、兩次，一次會待上一到兩個星期。從每次看到的街景看來，拜都市更新法令十分嚴格之賜，台北並沒有太大不同。有些在外求學或工作的朋友，只要超過兩年沒有入境台灣，戶籍就會被自動遷出，成為無戶籍國民。而我始終保留著戶籍，每次選舉仍然會收到投票通知單。另外，新加坡的有線電視台有多個台灣的新聞與娛樂頻道，所以只要我想看，二十四小時都可以看到跟台灣一樣的節目內容。然而我從表面看到的台灣，與真實的台灣，兩者距離究竟有多遠？台灣為什麼值得我再搬回去？

「與其一直遠距離看著台灣，不如讓我重新探索與發現它吧。」在二〇一二年過到一半的時候，我這樣告訴自己。於是在隨後的兩年多裡，我還真的找到了兩個回家的理由。

第一個理由是濃厚的人情味。我花了不少時間去拜訪許多老同學與老同事，想聽聽他們在台灣居住的感受。拜訪前，我總是會有些不安，畢竟我離開很多年了，他們並沒有什麼義務要來應酬我。然而一次又一次的會面，都不斷地打消我的疑慮。以下兩位就是明顯的例證。

首先是《投資告白》中已經提過的高中同學童先生。他在我高中三年級最困難的時候，認真地為我解答所有課業上的疑問。如果沒有他扶我一把，我當年大概很難考上台大。在台大念書的時候，我和他分屬不同科系，一個土木、一個化工，而且也不在同一個社團；於是我們經常在校園裡擦身而過，只偶爾在路邊稍微聊一下。不過念書念到沒力的我每次看到他，都會被他燦爛的笑容所振奮。童先生正是台灣搞笑藝人

NONO出道前就有的「陽光男孩」。

台大畢業後大家各奔東西，此後就沒有再看過他。直到二〇一二年夏天，我才突然想到在網路上搜尋他的名字。想不到遠在天邊，近在眼前——他已經在美國拿到博士學位，在二〇〇八年回台大教書。他在網路上的照片似乎顯得過分地年輕，該不會是用高中的照片來騙學生吧？

我寄了電郵到他在學校的信箱後，不到一天即得到熱情的回覆。於是我們說好下次返台時碰面。幾個月後，我依約前往他在台大的辦公室。門一打開，他果然跟高中時相差無幾。他一邊跟我寒暄，一邊到茶水間為我泡了一杯咖啡。兩人坐下來差不多花了一個小時，就把過去十幾年的空白記憶填滿了。他有位前同事最近跳槽去新加坡南洋理工大學，所以對新加坡的高收入留下一些印象。不過講起新加坡的事情，他是好奇多於羨慕。從他談起自己工作狀況的表情看來，他對目前在台大可以發揮的空間相當滿意。最後在我即將告辭之際，有一通電話撥到他的手機，我才發現他用的居然還是 Nokia 的非智慧型手機，機齡恐怕在六年以上！他對老朋友就跟對手機一樣，是一位非常念舊的同學。

其次是另一位高中同學陳先生。我和童、陳兩位同學在高中樂隊班同屬小喇叭組，經常會一起練習，至今我仍珍藏了一張樂隊公演時三人連坐在一排的相片。不知道他如今在何方？這時我又到網路上找找看，哎呀，居然也在台大教書，真是太巧了。跟童老師不一樣的是，陳老師是地球科學方面的專家，二〇一二年才剛剛從美國回到台灣。我聯絡上他的時候，他有些意外；因為從高中畢業以來，已經有將近二十年沒見面了，但他仍然表示歡迎之意。於是幾個月後，我們在他的辦公室碰面了。跟童老師一樣的是，他也保持相當年輕的狀態。陳老師在高中時話並不多，算是很低調的人，臉上常帶著一抹神祕而羞澀的微笑。據他所說，在美國留學與工作的八年間，只有一位高中同學去找過他，後來也失聯了。於是他靜悄悄回到台大教書的時候，只有童老師來敲過他的門；此外我就是第二個主動來聯繫的了。大約下午三點，我們從他的辦公室走出來，行經醉月湖，慢慢地走向鹿鳴堂一旁的草坪。台大小小福一旁的鹿鳴堂，在我念台大時原是一塊僻靜之地。如今此處有餐廳、咖啡店和便利超商，學生熙來攘往，好不熱鬧。我們看著這個既熟悉又陌生的地方，彼此心中有相當多的感觸。

由於他回台灣不到一年，對校內生態還不是很習慣，聽來有些焦慮。其實他是我很好的參考對象，因為他在美國東岸待了八年，對那邊的一切可說是瞭若指掌。有住過美國的朋友就知道，基本上那是個資源很多、步調很慢的地方。突然從美國回到台灣，肯定會讓人不太適應。我想我要是從新加坡回來，恐怕也會有類似的情緒吧。不過從談話中聽起來，他對台大學生還是有相當的期許，有種想把國外先進的知識與理念帶進台灣的急迫感。說著說著，天色逐漸暗去，我和陳老師雖然談得欲罷不能，也只好相約下次再聊。

以上提到的童同學與陳同學，不只是在第一次拜訪時對我殷勤接待，之後我們又在台大校園附近約了好幾次出來閒聊。以前一群同學在放學後到南海路上的冰店吃冰，不正是這麼回事嗎？像這兩位一樣有情有義的老同學和老同事實在非常多，我就不再一一點名了。

十多年前的情誼還能無條件地持續下去，這令我非常感慨。我在新加坡十年，就我的觀察，人與人之間的關係非常淡薄，同事之間很少聊私事。假如關係已經成了前同事，就更不用談了。這不是因為我是外地人才被冷落，本地人就是這麼處理同事的關係。那麼同學呢？差不多也是這樣，我在教育學院的大部分同學都懶得再聯絡彼此了。後來我才知道，新加坡人幾乎沒有辦同學會的風氣。新加坡天氣雖然很熱，但人情真的好冷啊。

第二個理由是鼓勵創新的社會風氣，特別在文創方面。有看過《投資告白》的朋友就知道，我是在艾爾德老師的鼓勵下，才完成了一次重要的轉型，成功地跨入寫作的領域。但大家不知道的是，《投資告白》

的原名其實是「股市的味道」。當我在二〇一三年六月完成五萬多字初稿的時候，我並不清楚台灣出版業的狀況。我沒有寫過書，我也不認識任何一個在出版界工作的朋友，那我一頭熱寫出來的東西會有人要出版嗎？

很幸運的是，在投稿一週後，大寫出版社的鄭俊平先生就主動與我聯繫，表示了出版的意願。鄭先生，政大新聞系畢業，從事出版業編輯工作已經有十多年，講話輕聲細語，但措辭直接了當，是一位爽快之人。他認為我這個素人的稿件雖然頗有新意，但還是有調整的空間；於是我和他進入了長達十個月的磨合期。在這段時間，我特別專程飛回台灣兩次，與他面對面溝通書的架構，此外也為了討論細節打了數十通越洋電話。最終《投資告白》在我大修了四次，並親自檢查二十多次後，以零錯別字的完美狀態在二〇一四年四月上架了。鄭先生對我固然十分禮遇，給我充分表述的自由，但是他並沒有放鬆對我這個素人的指導。他在關鍵的章節指出了正確的方向，讓我能用更理想的介面去貼近讀者的需求。

因此這本書就在兩人的互相信賴之下，獲得了良好的銷售成績。

我是到後來才知道台灣出版業算是一個比較艱困的行業，所以像我這樣的素人想要出一本書，並不是一件簡單的事。素人裡又有分等級，我連部落格也沒有，正是素人中的素人。然而單憑我的稿件內容，鄭先生就願意跟我合作出版，這不就說明了台灣這個社會還是很鼓勵文創的嗎？

關於這一點，我有很多感觸。因為在新加坡，我也有過寫作的衝動。在教育學院受訓時，有位教兒童文學的孫教授從作業裡發現我的寫作才華，於是主動將我推薦給《大拇指》的編輯。《大拇指》是新加坡發行量數一數二的兒童報，地位相當於台灣的《國語日報》。編輯要求我試寫幾篇兒童故事，但交稿後，編輯問了一個讓我不知如何回答的問題：「梁老師，你可不可以配合小學『好公民』科的德目來寫故事？」新加坡小學所謂的「好公民」科，就像台灣的「倫理與道德」，講的無非是些四維八德的概念。我在學校已經知道「好公民」課本編得有多「不得人心」，主要原因就出在僵化的四維八德上面。結果編輯要用四維八德來綁住我的創作空間，那我還有什麼好寫的呢？《大拇指》需要搞得像「好公民」課本一樣嗎？既然我對編輯的要求礙難配合，所以我在新加坡文壇出道的計畫至此半路夭折；不過那位編輯似乎也不覺得有什麼可惜就是了。其實從那時到現在，我的寫作風格並沒有太大的變化；但正是在台灣，我的作品才有和世人見面的機會。

在新加坡，要做文創可以，得先照政府的規矩來。這規矩可能是「好公民」的德目，也可能是李光耀思想；在台灣，你同樣可以做，政府通常懶得插手，最重要是能獲利。兩者相比之下，我覺得後者要乾脆多了，而且比較看得出創作者的真本事。各位覺得呢？

有了上述兩個理由，我對於回台灣這件事就沒什麼好遲疑的了。在台灣寫作，不但沒有人管我，還可以在閒暇之餘跟老朋友喝茶聊天，順便充實自己的文學養分，更何況台灣還有那麼多的書店可以讓我逛個沒完。我想現在該是動身收拾行李的時候了。

聽了我的兩個理由，意猶未盡的朋友忍不住要問：「據說新加坡人普遍不太快樂，這跟你想回台灣有關係嗎？」問得好。最近的確有份民意調查報告顯示獅城百姓的低迷情緒。主持調查的機構將新加坡打工族的快樂指數分成三個等級，滿分是一百分。五十分以下是不快樂，五十一到六十七分是不太快樂，六十八分以上則是快樂。在收集五千多份有效問卷之後，該機構統計出的總平均分數是五十九分；換言之，就是不太快樂（underhappy）。如果你對這個數字沒有感覺，新加坡人自拍的一段搞笑影片或許能讓你身歷其境。

不太快樂的實際例子

雖然影片全是以英文呈現，但你光憑表情和動作應該足以了解片中人物的心情。我看了這十多個不太快樂的例子，覺得這些事情並非新加坡所獨有，在台灣也很常見。一般人在生活中，總是會碰到一些小小的不愉快，這跟住在哪裡沒有什麼關係。所以新加坡人快樂與否，跟我回不回台灣關係不大。

我想，不如讓我來說一個小故事，總結自己回台灣的心情吧。眾所周知，北韓是個貧窮又封閉的國家，你能想像有美國人「投奔自由」到北韓去嗎？一九六二年的某一天，當時二十一歲的駐南韓美軍士兵詹姆斯．德雷斯諾克（James Joseph Dresnok）趁同袍不備，悄悄地向北越過三十八度線，從此便一輩子定居在北韓了。乍聽之下，任何人都會對此感到很詫異；可是你不妨先了解他在美國的成長經驗。

九歲的時候，德雷斯諾克因父母離異而被拋棄，之後輾轉於多個寄養家庭並遭到虐待。忍無可忍的他只好從高中輟學，轉而投身軍旅。但不幸的德雷斯諾克在生活枯燥單調的軍中沒有過得更好，軍營外的新婚太太又給他補上一刀，來個紅杏出牆。不滿的情緒長久無法宣洩，他在一次違反軍紀後突然萌生異心，最終走上了叛國投敵的不歸路。好了，德雷斯諾克到了北韓是否就能馬上快活起來呢？事情總是沒有這麼簡單，再次無法適應的他還多逃了一次，這次是逃往蘇聯駐平壤大使館，結果一下子就被蘇聯「退貨」了。經歷了這次失敗的政治庇護，他下定決心要徹底融入北韓人民的生活，老老實實背起了最高領袖金日成主席語錄。背著背著，幾年下來他真的背出了心得，對北韓式生活產生了好感。一九七八年，德雷斯諾克迎來人生的高峰，他參與演出北韓下一代接班人金正日親自導演的愛國主義教育連續劇《無名英雄》。你猜他的角色是什麼呢？當然是美國壞蛋啦，金髮碧眼的他不用多說什麼，就能把這個負面角色演得活靈活現，從此廣受北韓人民歡迎，成了家喻戶曉的大明星。當德雷斯諾克在七十多歲接受英國媒體採訪時，對生活心滿意足的他說了這樣的話：「北韓政府會照顧我，直到我死去的那一天……就算給我十億美元的黃金，我也不想離開北韓。」哈哈，有意思吧。

我為什麼要提到德雷斯諾克？你想想，北韓是什麼樣的地方？一個美國人都能在那裡找到人生的意義，何況是一個要搬回台灣的台灣人呢？回家並不需要冠冕堂皇的理由，只要能找到屬於自己的小確幸，我就能怡然自得地生活下去。快不快樂，僅取決於一念之間。心能安定下來的地方，就是人間天堂。

好啦，各位讀者朋友，不論你是打算在台灣繼續打拼，或準備到新加坡尋找夢想；又或是因為任何理由，計畫移居另一個陌生的國家，我希望你跟我一樣扎實地做好功課，找到屬於你的人間天堂。祝福大家。

後記

本書能順利完成，首先我要感謝我的岳父和岳母。他們在這幾個月的週末為我分擔了照顧小孩的責任，使我能心無旁騖地寫作下去。有人說小孩子是作家的最大殺手，沒有兩位老人家，我想我已經被殺死很多次了。謝謝他們的全力支援。

其次，我要感謝時報出版社的余宜芳小姐以及陳盈華小姐。關於編輯的重要性，我從本書製作過程中得到進一步的認識。編輯像是作者與讀者之間的橋樑，沒有編輯的適當導引，作者很容易就沉溺在自言自語，甚至是自戀的狀態。很高興的是，余小姐以及陳小姐一直讓我的腦袋維持清醒。如果讀完本書的各位覺得內容既精彩又豐富，請把一半的功勞算在兩位優秀的編輯身上。

最後，我要說明自己對寫作的一點看法。台灣雖然已經是個開放的社會，但仍然有不少領域的知識沒有被普及化，我想這或許是因為台灣缺乏足夠的知識傳遞者。那麼，我願意擔任這樣的角色，為社會做些有意義的事情。請各位讀者多多支持啦。

推薦文

看見新加坡的「能」與「不能」── 劉正山

我的新加坡──「人渣文本」周偉航

台灣人，我們可以更有自信。── 詹益鑑

看見新加坡的「能」與「不能」

劉正山 ■ 國立中山大學政治研究所副教授

我相信，你是因為對「幹嘛羨慕新加坡？」這個問題好奇，而打開這本書的。其實這書名有兩個意涵，一是讓你以為作者要來說說「新加坡能，為什麼台灣不能？」——有，但篇幅不及全書的五分之一。另一個你可能沒想到的，是作者要問：「新加坡不能的，為什麼台灣看不到？」要回答前一個問題，說實在的，坊間真的不缺書，你不必挑這一本看。但要回答後一個問題，就不是一般人做得到、寫得出來了。

若要談談新加坡這個東南亞幾乎有排名的項目都能拿第一、一向令台灣人眼紅的國家，國內有許多社會科學的前輩遠比我適合為本書寫序。

我相信，以他們的見解、素養乃至文采，都能讓本書更有分量。我也相信我政治學門的同仁在看了書稿之後，一定也都會異口同聲地推薦。我更願意相信，作者在這麼多可以推薦此書的人選中，敢讓一個從未踏上新加坡土地的小咖學者率先品嘗如此重要的人生見證，有他超乎友誼與市場銷售成績的考量。我並沒有追問原因，並且第一時間就答應了。這並不是自己膽敢以只去過東南亞一、兩次的皮毛印象，下筆來推薦這本書；而是我打從心裡明白，這位成為全職交易人兼奶爸的大學羅浮群（童軍團）玩伴，一定會不按牌理出牌。能被這樣的怪才選中，甚至邀請寫推薦序，對我來說已經不是「榮幸」二字就能形容。

二〇一四年末，我和國內大多數學者一樣參加完耗時數週的「作文比賽」（提科技部研究計畫）。氣力放盡後的隔天，我揮別所有跨年倒數邀約，準備花個兩天把書稿啃完。開始閱讀後才發現，如果眾多政治學期刊論文是要花力氣才能食用的榴槤，那本書可說是吃來令人愉悅的龍眼。展嘉以小說回合的手法來寫政治觀察，並以說書人的角色，半認真、半開玩笑地描述對事件的觀察，讓我在跨年之夜不捨掩卷，索性一飲而盡。

這種說書人的風格，恐怕也只有這位我認識多年的冷面笑匠才寫得出來。這般說故事的本事，尤其把政治現象和問題意識相結合，說到人人聽得懂、甚至讓人無法掩卷的能耐，已成功地讓身為政治學者的我開始嚴肅思考：未來的政治學新生是不是應該先讀這本書，再來討論研究課題？這種寫法到底是天生的才華，還是展嘉已成功地從他夫人那裡得到人類學和社會學研究方法的真傳，不得而知；但我很確定的是，本書所展現的，是許多像我一樣的政治學者和學子都想擁有的說故事功力——也就是把生硬的研究發現或事實、政治現象、政策問題，說得活靈活現的能耐。

本書跟一般政治評論或社會觀察的最大不同之處，在於本書根植於作者超過二十年的台灣經驗、三年的美國經驗，以及十年的新加坡經驗；

這是三相對比之下，凝聚而成的精華。本書除了能幫助讀者開啟對政治現象的好奇，也能學到如何跳脫目前的思考格局，重新審視自身的生活環境。

身在台灣的我們，大多已習慣追求個人的小確幸，而漸漸喪失了對世界的好奇心。展嘉一家人和我們同樣追求小確幸，但他不同於我們之處，在於他從未減少對身旁大小事的記錄、存疑和觀察，因此才能看穿現象之間的邏輯。例如，當你看到街坊當鋪增加的時候，會不會想到這是博弈特區的副作用？（第5章）當你羨慕新加坡高薪養廉政策的同時，會不會想到這反而是人民不滿政府的理由之一？（第8章）如果新加坡人想當針砭時事的烏鴉，但礙於威權的媒體環境，只能用部落格抒發異見（第6章），或勉力從地方選舉中一點一滴的改革（第8章）——那麼，你幹嘛羨慕新加坡？

本書更有許多觀察，在在展現了作者是如何將生活中的資訊，轉化為思辨的素材。例如，新加坡政府如何解決人們不婚或晚婚的問題？請看看他們的住房政策，是如何有助於提升年輕男女早早成家的意願（第2章）；家家都能申請外籍幫傭的新加坡真像天堂一樣嗎？請看客工系統如何養成缺乏公德心的公民（第4章）；把英語當成國語會讓國家更有競爭力嗎？請看新加坡如何讓英語結合菁英主義，創造就業門檻和歧視（第3章）；你覺得新加坡是融合專制與民主的典範嗎？那就看看選票編號及強制投票政策，創造的是怎樣的「新」式民主吧。（第7章）

綜觀全書，展嘉於字裡行間展現的觀察力、判斷力與決策力，與他征服股海多年依然健在的本領相當一致——你將能透過本書窺見一位全職交易人，是如何觀看股市以外的世界。同時，他以十年觀察與思辨累積而成的獨立判斷，做出了全家從新加坡搬回台灣的重大決定——不是因為失敗才打算回來，情況正好相反。雖從書名看不出端倪，但對我們這樣想愛台灣、但還不確定該怎麼做的人來說，這是一個重要的訊號。我認為展嘉寫作本書的出發點，與齊柏林導演《看見台灣》的用心暗合道妙。

至於看到展嘉這樣人生成功，卻願意放棄新加坡的傲人福利，是不是就會讓讀者對台灣的一切更有信心呢？其實本書無意導向非黑即白的判斷，你也許無法從中找到所有「新加坡能，為什麼台灣不能」的理由，但本書能為你開啟「新加坡不能的，為什麼台灣看不到」這個全新的視野。就我這個教方法論的政治學者看來，這本彙整過去十年獅城蹲點觀察的「紀錄片」，給你我的影響，應該是重啟我們對這世界（不只是新加坡或台灣）種種現象的好奇心。

學術界越鑽越細，科技發展已普遍壓倒社會學門的價值，連「哲學家」和「科學家」頭銜的含金量都已大幅縮水。大學殿堂在過度分工及知識生產誘因的催逼之下，已經很難教出當年直指國王新衣的男孩或女孩了。我們身處大學之中，除了繼續努力克服這個盲點，也只能滿心期待未來招收的學生，是像作者這樣敢於問出關鍵問題的新哲學家或新科學家。對我來說，不必滿腹經綸才是哲學家，不必滿口術語才叫科學家；哲學家本是科學家，科學家心中也住著哲學家，無需以一紙博士學位來證明。在本書問世前，我就一直如此相信，而展嘉用他的文字證明了這一點。

這本書要告訴你的東西，我判斷你在大學修課應該是聽不到的，甚至你拜 google 大神也求不來。你不必因為展嘉的敢言而擔心他的安危；你也不必因為展嘉描述的新加坡與你的認知不同而跳腳。這是一部有高度娛樂性質的紀錄片，縫進書裡的幽默感，會讓你忘了它事實上是本嚴肅的書（政治人物應該好好閱讀的那一種）；而書中的故事，肯定會讓你像我一樣，決心下回去新加坡時得好好仔細瞧瞧了。

我的新加坡

「人渣文本」周偉航 ▬ 作家

作為學院裡的研究者與專欄作家，我對於新加坡的理解，主要來自政治、經濟、歷史等專業領域的學術資訊。但那是「外顯」的一面，新加坡對我產生的「內在」意義，和三件小事有關。

第一件事，是大一時我的「中憲」必修課，正好選到剛從新加坡回台專任的洪鎌德老師。因為性喜翹課，因此很快就被洪大教授指定為班代。這班代有個額外責任，就是要擔任他著作的小代理商。他當時賣的新書就是《新加坡學》。我還記得自己沒銷出去幾本，手邊一直有些囤貨，因此有機會反覆閱讀這本書。這讓我對新加坡一直有種興趣，總覺得將來應該去看看。

第二件事，是某天在泰國曼谷自助旅行重地考桑路閒晃，突然發現去新加坡的機票很便宜，於是就買了來回票，展開三天兩夜之行。這是我第一次去新加坡。因為手邊的資料只有網路上臨時印出的幾張紙，所以當然是場失敗的亂走之旅。為了省錢，我還從連結聖淘沙的纜車站走回市區——那可是赤道正下方。還記得有位華人計程車司機對我不斷強調新加坡比可倫坡（斯里蘭卡的大城）要好，但我很明顯不是來自斯里蘭卡的呀。好吧，當時可能有點像。

第三件事，是在我當專欄作家之後，開始有機會透過網路和一些新加坡的異議份子交換意見。我發現他們都蠻單純的，對政治的理解相對簡樸。和台灣已老油條化的民主政治相比，有種小清新感。透過他們，我得以把書本知識和個人體驗串接起來，一個城邦的價值形象因之鮮明。用倫理學專業術語來說，新加坡於「外在善」（錢買得到的東西）上有卓越成就，但於「內在善」（錢買不到的東西）上，仍有待加強。

什麼意思？

新加坡有高度的經濟成長與都市發展，在人民行動黨的威權體制下，一切都相當有效率，但你找不到什麼明確的新加坡「文明」。他們缺乏一種共同的善，一種透過公民溝通之後所形塑的政治目標。他們只有少數高學歷執政者所設定的目標，而寡頭們總是將之強加於所有國民之上。

有次和內人漫步在新國街頭，她質疑某種道路設計非常不合理。我笑著回應：「妳這是台灣人的想法。在新加坡政府的眼中，妳有什麼資格提意見？上面那些會讀書的人都已經決定好了。」

因為是「被強加」的價值觀，所以和無數基層市民的人生規劃無關，或者說，所有人的人生，都被少數人強制規劃了。這種國家總體目標也就無法感動人心，無法塑造真正的「愛國心」。這是缺乏向心力的社群，雖然高度的經濟發展可以吸引許多外人移入；但空乏的道德內在，只會讓裡頭的新加坡人想要逃出。

正如錢鍾書的《圍城》，外面的人想衝進來，裡頭的人想逃出去。這是一種價值錯覺，來自於雙方在資訊上的不對稱。站在我們的海島，總是覺得那個海島美不勝收。但站在他們的那個海島上呢？我們會不會開始懷念起自己的海島？

不過，上述意見只是我的看法，是「我的新加坡」。如果你對新加坡有興趣，你也應該找到「你的新加坡」。該怎麼做？

本書是作者梁展嘉個人新加坡經驗的整理轉述。除了詳細的資訊之外，我認為這本書真正能告訴你的，是一種以個人角度理解新加坡的方式。

我們已經有太多「去主體化」的新加坡資訊。政治的、經濟的、歷史的，你很容易便可取得一大堆書目，就算懶，也可以透過維基百科獲得精簡版。這些資訊多數看來很「正確」，充滿了客觀數據，描繪出一個發展健全的海島國家；少數資訊則隱隱傳達出這個城邦的內在不安。

這些客觀資訊可以供你當正事討論，也可當閒磕牙的主題。但這種切入方法通常很難看出「你」的存在。就像中學時期的地理課本知識，因為對「你」不能產生意義，在畢業後很快就會流失。即便是我這類需要許多知識的時事評論者，也會捨棄諸如「吉爾吉斯的首都為何」這樣的知識。對一般人來說，真正有意義的「世界觀」，就需要一種更貼近個人生命的切入角度。

梁展嘉的漫談正好就是這角度。台灣人，不是大教授，不是旅遊達人，就是個一般台灣人，以一般台灣人的觀察角度，看到一般台灣人想看、會看與能看到的新加坡。

這無可避免會非常主觀。大教授可能不認同，旅遊達人也許不接受，其他的在星台灣人或許也不會買帳。但實實在在，就是他的觀點，是「他的新加坡」。相對於其他文本，我認為本書的鋪排會更貼近你對新加坡的想像方式。

「我的新加坡」就談到這，「他的新加坡」就接在後頭，而「你的新加坡」，就要你動手開始了。

台灣人，我們可以更有自信。

詹益鑑 ▬ 之初創投共同創辦人暨合夥人

歲末年終，年紀即將奔四。在三、四年級的長輩眼裡或許仍顯年輕；但跟七、八年級之間，似乎開始出現代溝。我常在想，我們這個世代能為台灣做什麼？又能留下什麼給下一代？

去年夏天的高中畢業二十年同學會前夕，我才知道高中同學裡，除了教授、工程師、創業者、投資人跟專業經理人等各種職業，又多了一位全職交易人兼知名作家。他旅居海外多年，卻能靠著投資台灣股市過日子，顯然有異於常人之處。並且，這位作家在半年後，又要出版第二本大作了。

雖然我個人不擅長股票投資，但因為投入新創事業的輔導與投資領域多年，對資本市場的操作與獲利方式也略知一二。能在股票市場上長期獲利，除了專注與紀律，也要有很好的觀察力與學習力，而這就是我同學梁展嘉的專長。

撇開投資專長不談，我這位同學的人生經歷也夠特別了。在美國念了土木碩士、進入營建業職場；卻在娶了新加坡同學後，成為星國女婿，在當地成了華文老師。在遠距操作台股多年之後，更毅然走上全職交易人與作家之路。這樣的決心與勇氣，其實也是一種創業的態度與能力。

但這本新作，談的不是投資理論與實務，而是親身觀察新加坡的一手心得，也是我近幾年不斷在尋找的答案。到底，身為台灣人的我們在焦慮什麼？為什麼總要羨慕鄰近的日本、韓國、新加坡，甚至連中國的「北上廣深」（北京、上海、廣州、深圳）似乎都開始超越台灣了？

有過旅行經驗的讀者就知道，探索過越多國家地區的風土人文，離開自己熟悉的土地越遠，就越有機會用理解和比較的觀點，觀察自己成長與生活的家鄉。而旅居美國、新加坡多年的展嘉，在第一本書裡已經展現了對產業與資本市場的觀察力，還有融合生活故事與人生經歷的寫作能力；因此這本新作讓我非常期待。拿到書稿之後，在出差旅程的班機跟回程路上讀完，同學果然沒讓我失望。

因為工作型態與家庭成員增加的關係，這幾年我很頻繁地出差與旅遊，走訪了紐西蘭、新加坡、香港、東京、矽谷與中國許多城市，並在去年第二次造訪新加坡時，跟展嘉有過深入的探討：為什麼新加坡能在短短十年之內，展現出亞洲瑞士的氣勢？

同樣是華人國家、同樣是移民社會，為什麼新加坡能，台灣不能？這個問題經常出現在我的腦海中。所謂他山之石可以攻錯，同樣是人口密集的島國，新加坡有許多值得我們學習與反思的地方。

在本書中，展嘉以親身經歷具體描繪了新加坡的住宅、教育、婚配、媒體、選舉等社會現象，也探討了人口政策與產業規劃。簡單地說，新加坡很幸運地擁有具企圖心與執行力的兩代執政強人，但也犧牲了公民自主與開放社會的可能性。其中的取捨並無對錯，但我認識越來越多的新加坡朋友，或者旅居新加坡的台灣人、中國人、外國人，其實更喜歡台灣。

國土規劃與賭場設置對新加坡的影響，我因為去年剛好住在聖淘沙與濱海灣兩個重大項目的旅館中，也走訪了幾個著名景點和園區，格外有感。此外，因工作之故我接受了新加坡當地電台的專訪，相較於在台灣參與幾次電視與廣播節目接觸到的媒體從業人士與工作環境，新加坡的媒體集團跟製播內容，確實可感受到是控制在政府手中。

以教育制度來說則相對務實，但也因為分流過早，導致翻身不易與極大的學習壓力。因為把資源集中在部分菁英上，又採取獎助留學和高薪吸引進入政府的方式，一方面讓政府得以持續保持效能，另一方面也造成長期壟斷。在看到新加坡的整齊清潔或所謂高效能政府的背後，其實我們也要思考：新加坡的人民與社會，是否也失去了選擇的機會？

在書裡，也看到近年來新加坡一黨獨大的現象已經開始被挑戰；而在台灣，我們經歷了多次學運跟政黨輪替，是否該更珍惜已被我們視為理所當然的民主？

另一個很值得探討的現象，是新加坡的住宅政策。高度由國家主導，以「使用權」取代「擁有權」的概念，一方面挑戰了華人「有土斯有財」的農業社會思維；一方面也穩定房價，讓經濟成長與政府建設不會成為土地與房屋市場高度炒作的催化劑。展嘉的親身經歷，描述了新加坡不是沒有經歷過房價上漲。但政府是如何穩定房市，並以長期的政策工具平抑上漲趨勢，或透過國土規劃與建設平衡區域發展。格外值得觀摩學習。

放眼未來，面對網路產業崛起，物聯網與大數據的時代即將展開。在生產、消費即將合一的「產消者」（Prosumer）時代，當能源、物質、資訊的生產消費開始翻轉，發生「去全球化、去中心化、去中間化」等現象，主要經濟大國（美、中、日、德）以及新興市場，還有如台灣與新加坡這些中小規模的經濟體，如何因應與發揮自身優勢，是非常值得關注的議題。

新加坡向來由政府「投資長期」，但卻缺乏民主空間；相較於台灣因選舉制度與政黨政治衍生的「立即見效」和追求短期指標，兩者之間是否可以平衡，如何在既有民主開放的制度下建立政府、媒體、產業與公民的溝通方式，我想關鍵仍然是「資訊」的公開與透明。台灣一直是華人國家與社會中，在媒體與網路等資訊相關內容及平台上最為開放與自由的。但願我們能持續保有這個優勢。

不可否認，台灣有許多問題需要改善，我們也因為這些問題而缺乏自信。但我們永遠有兩個選擇——因為台灣不夠好，用腳投票、離開台灣；或者因為台灣不夠好，所以繼續努力、改變台灣。

我選擇後者。

寫了這本書的展嘉同學，也即將離開新加坡回到台灣。

那你呢？

幹嘛羨慕新加坡？——一個台灣人的新加坡移居 10 年告白／梁展嘉著 -- 初版 . -- 台北市：時報文化, 2015. 2 ；
面；　公分（PEOPLE 叢書; 388）
ISBN 978-957-13-6177-2（平裝）
1. 社會政策　2. 言論集　3. 新加坡
549.1　103027905

PED0388
幹嘛羨慕新加坡？——一個台灣人的新加坡移居 10 年告白

作者　梁展嘉｜**主編**　陳盈華｜**校對**　呂佳真｜**視覺設計**　陳文德｜**執行企劃**　楊齡媛｜**董事長・總經理**　趙政岷｜**總編輯**　余宜芳｜**出版者**　時報文化出版企業股份有限公司　10803 台北市和平西路三段 240 號 3 樓　**發行專線**—(02)2306-6842　**讀者服務專線**—0800-231-705・(02)2304-7103　**讀者服務傳真**—(02)2304-6858　**郵撥**—19344724 時報文化出版公司　**信箱**—台北郵政 79-99 信箱　**時報悅讀網**—http://www.readingtimes.com.tw｜**法律顧問**　理律法律事務所　陳長文律師、李念祖律師｜**印刷**　盈昌印刷有限公司｜**初版一刷**　2015 年 2 月 6 日｜**初版二刷**　2015 年 3 月 6 日｜**定價**　新台幣 300 元｜行政院新聞局局版北市業字第 80 號｜